JN042742

人生のレールを外れる衝動のみつけかた

谷川嘉浩 Tanigawa Yoshihiro

★――ちくまプリマー新書

453

目次 ＊ Contents

序章　なぜ衝動は幽霊に似ているのか

「自分ではもうコントロールしきれないくらいの情熱」

魚豊さんの『チ。地球の運動について』（小学館）という漫画があります。この作品は、手塚治虫文化賞のマンガ大賞を最年少で受賞しただけでなく、有志の書店員による「マンガ大賞２０２１」で第2位、宝島社の「このマンガがすごい！　２０２２オトコ編」でも第２位となっています。批評家も、売る側も、買う側も相当に注目している漫画です。

『チ。』は、著名人にもファンが多い作品です。漫画好きを公言する人は大体『寄生獣』や『ヒストリエ』を読んでいますが、それらの作者である漫画家の岩明均さん、若者に絶大な支持を受ける詩人の最果タヒさんなどが『チ。』に推薦文を寄せているほか、声優で俳優の津田健次郎さんも、ある番組で「この作品のファンだ」だとうれしそうに話していました。変わったところでは、『フィルカル』という哲学の雑誌に、哲学者が注目している本として紹介されたこともあります。

この漫画を紹介したのは、人気ぶりを伝えるためではありません。もちろん、漫画好きとしては――毎年延べ９００冊程度は読んでいます――本作の面白さを知ってほしいという気持ちもありますが、ここで照準を合わせたいのは別のところです。すなわち、『チ。』という作品が、過剰なまでのパッションを抱えている人を描いているところです。「過剰なパッション」とは、何を指しているのでしょうか。

評論家の荻上チキさんは、ＴＢＳラジオの番組「荻上チキ・Session」のコーナーで魚豊さんと対談した際に、「過剰なパッションというか、自分ではもうコントロールしきれないくらいの情熱を持ってしまった人たちの物語を描き続けていますよね」と指摘しています。[1]この本のテーマにしたいと考えているのも、まさにその「自分ではもうコントロールしきれないくらいの情熱」です。

自分でもコントロールしきれないほどの情熱。非合理で、説明もつかない、自分でもなぜそれに駆り立てられるように没頭しているのかよくわからない、そういう熱量が湧き出してしまう状態のこと。「取り憑《つ》かれたように何かに向かう」という意味で、「衝動」と言い換えることもできます。

魚豊『チ。』のストーリー

イメージを共有してもらうために、少しだけ『チ。』の設定を見てみましょう。第一巻の紹介文（商品説明）はこんな感じです。

動かせ　歴史を　心を　運命を――星を。

舞台は15世紀のヨーロッパ。異端思想がガンガン火あぶりに処せられていた時代。主人公の神童・ラファウは飛び級で入学する予定の大学において、当時一番重要とされていた神学の専攻を皆に期待されていた。合理性を最も重んじるラファウにとってもそれは当然の選択であり、合理性に従っている限り世界は〝チョロい〟はずだった。しかし、ある日ラファウの元に現れた謎の男が研究していたのは、異端思想ド真ン中の「ある真理」だった――

この異端思想とは、「地動説」のことです。地球が中心にあり、その他の天体が地球の周りをまわっているのか（天動説）、それとも、太陽の周囲を地球が回っていて、地球は宇宙の中心でも何でもないのか（地動説）は、世界観をめぐる大きな争点でした。

当時のキリスト教[2]では、神が自分の似姿として創造した人間に特権的な役割を与えたという考えが強く共有されていました。その社会では、人間の住んでいるこの地球という大地が宇宙の中心だと考えるのは自然なことです。

それに、幼い頃から地動説に触れていた私たちは忘れてしまっている感覚でしょうが、手ぶらで星々を観察し、ゼロから天文学を作り上げていくことを想像すると、観測地点としての「大地」を起点に物事を考えることの方が自然に思われます。「東から太陽はのぼって、西に沈んでいくんだよ」とか、「北斗七星があるのは、もう少し右上ね」などといった言葉で会話することが今でもあるでしょう。

こうした言葉遣いは、突き詰めて行けば天動説につながっています。天動説は、日常的な感覚や会話に馴染《なじ》みやすいところがあるわけですね。こういう言葉を妙に感じないのだとすれば、天動説が私たちの素朴な感覚に訴えるところがあるからでしょう。天動説は、それくらいには説得力があります。それもあってか、西方ヨーロッパ社会では、キリスト教が伝播《でんぱ》して以降、宗教的信念に裏打ちされて、より堅固な地盤を得ました。

地動説は、これに対してノーを突き付けていきます。これは、単に天文に対する考えを変えるかどうかの問題ではなく、既存の社会秩序全体に対する挑戦と受け取られかねない異議申し立てです。世界に対するキリスト教的な説明の権威を疑っていると思われかねない。説明文にも出てきていたラファウという少年は、こうした意味合いを持つ地動説に傾倒していくことになります。[3]

要領のよさの反対にあるもの

『チ。』の第一巻に登場するラファウという少年は、他者や世界を冷めた目線で見つめて、世間で何が認められるかを意識し、そのレールに乗って社会を乗り切っていこうとする秀才です。ちょっとシニカルなところがある〝賢い〟少年だと言えば、雰囲気が伝わるでしょうか。自分は頭がいいし、器用だし、他の連中とは違うと思っているような人です。

友人関係も、教師との関係も、空気を読んで「正解」をなぞるように生きていけば問題がないし、人生ってチョロいなと思っているわけですね。彼には、そうするだけの識字能力も、社交性も、学力もありました。それにもかかわらず、人生のレールを外れるように、彼は地動説の研究へと惹《ひ》かれていきます。

こういう要領のいい人、効率よく世渡りしていく人っていますよね。みなさんの周囲にも、きっといるはずです。ちなみに、漫画『ブルーピリオド』（講談社）の主人公・矢口八虎も、最初の頃はラファウのような人物として描かれています。世界を斜に見ていて、要領がよく、そつがないけれど、次第に、自分でも惹かれるとは思っていなかった絵描きへの情熱に駆り立てられていきます。

話を戻しましょう。世渡り上手だったラファウは、しかし色々あって社会で共有された「天動説」を捨て、「地動説」を信じるようになります。もちろん、地動説は当時「異端」とされた発想で、社会の秩序やルールを脅かす危険思想みたいなものです。だから、それを信じたために、最終的には迫害や死につながるかもしれない。

地動説へと傾きつつあることを周囲に気づかれたラファウは、天文学関係の書類を燃やすようにと言いつけられるのですが、彼はそれを拒否してこう言います。

〔書類を〕燃やす理屈、なんかより!! 僕の直感は、地動説を信じたい!!

短いけれど読み解き甲斐のある言葉なので、ゆっくり解釈してみましょう。

「要領のよさ」や「立ち回りの器用さ」なるものが、世の中ではしばしば持て囃《はや》されます。年を重ねるにつれて、大抵の人が身につけていくものです。要領のよさとは、いわば、社会の「理屈」に従順になって、その中で、そつなく生きていくことです。『チ。』の内容に即して言えば、「地動説など忘れて、上の人が言う通りの考えを信じる」のが、要領のいい生き方です。

それに対して、「地動説に固執して、あくまでもそれを探究する」のは、不器用で要領が悪い生き方にほかありません。地動説の研究を続けては、その人や周囲に命の危険が及ぶわけですから、そんなもの諦めてしまうのが「賢明」だと言えそうです（少なくとも、世の中の「理屈」からすれば）。あるいは、大っぴらには地動説を放棄したふりをして完璧に演技し、鍵のかかった自分の部屋の中でだけ記録を残さずにこっそり探究を続けることも不可能ではないでしょう。

それにもかかわらず、ラファウは、自分の「直感」が語るところに従って、地動説の探究をあくまでも続けたいと宣言するのです。もちろん彼も、地動説の探究を放棄するのが「合理的」だということは頭ではわかっていますが、そうした判断を踏まえてもなお、彼の衝動が、地動説を信じ、探究する方へと彼を連れていっているわけです。

そうした感覚を表現するために、「理屈」ではなく「直感」を頼っていると表現されていることが印象深いように思われます。科学の話題であるにもかかわらず、ラファウが地動説を信じるのは、「理屈」では説明がつかない。だから、衝動的なニュアンスのある「直感」という言葉が選ばれているのだと思います。要するに、ラファウが天動説を捨て、地動説へと走ったのは、頭で考えた結果というより、どうしようもなく心がそう叫んだからなのです。

自分でもコントロールしきれないくらいの情熱、過剰なパッション、非合理な欲動、直感――。こういう言葉で指し示そうとしているのは、やむにやまれぬ感覚、つまり、合理的な説明のつかない衝動のことです。理屈で組み立てたものでもないし、メリットやデメリット、パフォーマンスや効率を考えて生まれるものではありません。エビデンスもない。

ラファウにしたって、普通に考えるなら、命の危険を冒してまで知識を追い求めることはないわけです。そんなことをする理由はどこにもないように思えるし、彼自身もそれを認めています。それにもかかわらず、自分でもどうしてかわからないままに、彼は突き動かされている。こういう欲望のことは、「衝動」や「情熱」と呼ぶほかないように思われます。

本書が照準を合わせるテーマは、要領のよさや世の中の理屈とは関係なく動き出していく私たちの「衝動」です。「自分でもコントロールしきれないくらい」のものなので、私たちの都合もお構いなしです。つまり、衝動は、嵐がすべてを巻き上げ吹き飛ばしていくように、世の中の理屈も、自分自身の予想もなぎ倒して、私たちをどこかへ連れて行くものです。衝動とともにある生き方は、自分でも驚くような方向へ運ばれることなのです。

「え？　なんでそんなことを、そんな熱量で？」と思われること

衝動の性質について考えるために、もう少し具体的な話を足しておきましょう。作者の魚豊さんは、荻上チキさんとの対談で、自分の創作について振り返っています（「荻上チキ・Session」）。

> でもなんか思い返せば、今の、100メートル走とか地動説も、その、人から見たら「え？　何それ？」みたいな感じにも見えちゃうことを、本人たちはものすごくド真剣にやってる。っていうのを、なんかずっと、もしかしたら最初からそういうのに興味があるのかな、と自分ながらに自分のことを思います。

100メートル走は、『チ。』より前に描かれた『ひゃくえむ。』（講談社）という陸上競技の漫画を念頭に置いた表現です。

陸上競技の一種目で、わずかなタイム差を埋めるために生活のすべてを捧《ささ》げること、天動

説と地動説をめぐる闘争などは、他人からすれば、「なぜそんなことを?」と思われるようなことです。それにもかかわらず、そういった「え? 何それ?」という事柄に自分を賭けている人たちを、ずっと描いているのかもしれない。魚豊さんが言っているのは、そういうことです。

とはいえ、陸上競技や地動説への情熱は理解可能かもしれません。対談では、漫画家デビュー以前に描いていた漫画のことも紹介されていたのですが、こちらは、おそらく万人が「え? 何それ?」と言いたくなるはずです。お隣さんにどう挨拶するかを真剣に悩む人の話や、満員電車で何とか座るための攻略方法をデスゲーム並みの緊張感で模索する人の話などをギャグテイストで描いていたのだとか。

陸上競技や地動説から、挨拶の仕方や満員電車の攻略法まで。他人からすれば、「え? なんでそんなことを、そんな熱量で?」と思われるようなことに取り組む衝動。自分ではもうコントロールしきれないくらいの情熱とは、こういうものです。

衝動に気づくことの難しさ

衝動は、私たちの人生を劇的に変えるだけの力を持っています。しかし、それだけ大きな影響力を持っているにもかかわらず、衝動や情熱について掘り下げる言葉は多くありません。しかし、全くないわけでもない。例えば、本論で登場するジークムント・フロイトに始まる精神分析学がその代表格です。しかし、ここでは私が専門的に研究してきた、ジョン・デューイというアメリカの哲学者のことを思い出しておきたいと思います。

彼は『経験としての芸術』という本の中で、何かに夢中になっている人は、本質的な意味での「芸術」に相当する性質の経験をしていると考えました。彼は、そういう経験を掘り下げる眼を持つ人物の具体例を挙げています。

> 球技選手の張り詰めた優雅さが見ている群衆にどう伝染するかを知っている人、あるいは、植物の手入れに夢中になっている主婦の喜び、その主婦の夫が家の前庭の手入れに対して持つ強い関心、そして、暖炉の中で燃え盛る薪を突き、はぜる炎と崩れゆく炭を見つめる人の熱意に気づく人こそが、人間経験の中にある芸術の源泉を知るだろう。[4]

些《さ》細《さい》な日常の描写にすぎないと思われるかもしれません。実際、デューイはあえてどうでもいいような日常的な行動を挙げたのだと思います。衝動は、些細なものの中に潜在しているからこそ、実際に「気づく」ことが難しいのです。

最初にラファウの例を挙げたので、人生を変えるかもしれない衝動はドラマティックな場面に現れるものだと思われたかもしれませんが、実は素通りしている場面にこそ衝動は存在しています。ドラマティックとは言えない自分の「夢中」や「没頭」を真面目に取り上げるのは難しく、しかもそれを分析の言葉に翻訳していくのは輪をかけて難しいことです。では、どうやって衝動に気づく眼を持ち、それを語れるようになるでしょうか。捉えどころのない存在に輪郭を与えるための手がかりは、メタファー（隠喩）にあります。

衝動は「幽霊」のように憑く

メタファーというのは、「たとえ」のことだと思ってください。メタファーが持っている構造（一連の連想）は独特の力を持っていて、知ろうとする謎との相性さえよければ、捉えどころのなかったはずの謎に対して「輪郭」を示してくれることがあります。つまり、メタファーは私たちの探究を導いてくれるのです。

今回用いるのは、「幽霊」のメタファーです。衝動は、どこか幽霊に似ています。幽霊が人に取り憑くとき、幽霊は人に働きかけ、人間の意思決定や判断を左右します。これは、私たちが望んでいなくてもそうなります。衝動もそれと同じです。

　例えば『チ。』のラファウは、命を危険にさらしたくなかったはずですが、その思いを突き抜けていくように、地動説へと走っていきました。衝動には自分の思いや事情を突き抜ける力がある。自分の衝動であったとしても、それをコントロールしきれないという性質があるのです。

「衝動」と「幽霊」を重ね合わせるなんて意外だと思われたかもしれませんが、この発想は全くのオリジナルというわけではありません。興味深いことに、英語の〝possessed〟という形容詞は「何かに所有された状態」、転じて「何かに心を奪われた状態」を指していますが、この言葉には「憑依《ひょうい》された」「取り憑かれた」という意味もあります。何かほかのものに主導権があるみたいに、何かに向けて突き動かされているという点で、「夢中」と「憑依」が重なっているのです。

　さらに言えば、恐怖などの感情や悪魔などが「取り憑く」「悩ませる」という意味の動詞〝obsess〟から派生した〝obsession〟という名詞も、この連想と同じ系列に置くことができるでしょう。これには、「妄想」「強迫観念」という意味もありますが、転じて「やばいくらい熱中していること」「病みつきになること」「取り憑かれたみたいにハマること」などを表現するときにも使われます。こなれた文章を書く人の中には、カタカナで「オブセッション」と表記する人もいますが、これは衝動に憑依されることを指しているわけです。

いずれにせよ、ここで確認しておきたいのは、「衝動」という捉えがたい概念を「幽霊」のメタファーで読み解いていくのが本書の立場であり、その連想は私が強引に作ったものというより、人間が作ってきた文化に潜在する想像力に基づいているのだということです。しかし、その想像力は潜在的なものではっきりとした形を帯びていません。人間が育ててきたその潜在的な想像を明確な形で提出するのが、この本の仕事です。

「将来の夢」は、世間の正解をなぞる語り

これまでの説明を読んでいて、「おもろそうやけど、そもそも、なんで衝動とか情熱について、わざわざ論じなあかんの」という声も聞こえてきそうです。本を読み慣れない人への配慮として、先回りして指摘しておきたいと思います。

衝動は、世に言う「将来の夢」や「本当にやりたいこと」を突き抜けて、もっと熱中へと誘ってくれる欲望だからです。具体的には、人生の岐路に立ったときに、自分の衝動を観察し、解釈していくことが助けになってくれるはずです。そう言われてもピンとこないと思う

ので、「将来の夢」と「本当にやりたいこと」に分けて考えてみたいと思います。回り道をしながら答えるので、ご注意を。

「将来の夢」とはなんでしょうか。大抵は、小学生かそれ以前から、大人に聞かれるものです。大人が読む場合は、「将来像」とか「ヴィジョン」に置き換えるといいかもしれません。昔からずっと色々な人に聞かれ続けてきたことでしょう。

将来の夢について聞かれたとき、素直に思いついたことを言ってみたら、「えーそれは無理やわ」と突き返され、世間的な「正解」の範囲に収まるように、自分の気持ちを作り替えたり、押し殺したりすることを余儀なくされることは珍しくありません。あるいは、予め大人が喜びそうなことを言って話を終わらせることもよくあります。言ってみれば、子どもは大人の思う通りの望みを抱けという忖度《そんたく》を強いているわけで、これはどうにも窮屈です。

将来の夢の話になると思い出すエピソードがあります。友人の息子さんは、先生に夢のことを聞かれて「犬と暮らしたい」と伝えたら、「そういうことじゃない」と言われたそうです。彼に犬との暮らしへの切なる思いがあれば、それはそれとして素敵なことだと思いますが、大人の期待する返事じゃなかったみたいです。犬と暮らすのってむちゃくちゃいい将来像だと思うんですけど。

つまるところ、「将来の夢」は、世間や周囲の人が「正解」だと信じていて、あなたに言ってほしいことの総体です。友人の子どもの事例もそうです。子どもは、社会や周囲の大人の様子を見ながら、それに見合ったやりとりを繰り返すものですから、彼もいつのまにか世の中の「理屈」に沿って返答を口にするようになり、最終的には「犬と暮らす」という思いを押し殺してしまうのかもしれません。でも、「あなたの将来」が周囲の期待に沿っている必要はありませんよね。

「本当にやりたいこと」という言葉遣いを避けた方がいい

周囲の期待に振り回される状況に嫌気がさした人が飛びつきがちなのは、「本当にやりたいこと」です。「本当にやりたいこと」と表現すると、周囲に左右されず、自分の内から湧き上がる不動にして不朽の欲求を言い当てている気がしてきます。周囲の期待の反映である「将来の夢」なんかよりずっとよさそうに聞こえます。

しかし実際のところ、「本当にやりたいこと」として人が語っているのは似通っていて、あまり多様性がありません。私の見るところでは、「本当にやりたいこと」として語られるのは、①世間的に華々しいスポットライトを浴びているものか、②今の自分が「正解」だと思っているもののどちらかです。順に説明しましょう。
まず、①の方から。俳優、モデル、声優、ミュージシャン、スポーツ選手、アナウンサー、文筆家、インフルエンサー、配信者（ライバー）、クリエイターなどのみんなが憧れる職業や生き方、あるいは、そういう人のいる業界に入ることこそ、自分のやりたいことだと語る人は実に多くいます（大学教員をやっているとよく見ます）。

実際にそれをやりたいと考え、成し遂げてしまう人もいるでしょう。しかし、多くの人は、「みんながいいと言うもの」を自分のやりたいことだと考えているにすぎません。言葉を選ばずに言えば、チヤホヤされたいだけですよね。この欲は誰しも持っているもので、ただちに責められるべきものではありません。しかし、こうしたキラキラした世界への憧れは、それを実現した先には会議や書類仕事などの地味な実務、人から注目されることによる心労などが避けがたく生じるのだと想像もしていない場合がほとんどでしょう。大抵の人は、憧れている事柄の実情に関心を抱いているのではなく、その権威や名声に漠然と惹かれているにすぎないのだと思います。[6]

次に②の方へ。屋久ユウキさんの小説『弱キャラ友崎くん』（小学館）には、「人間が言う『本当にやりたいこと』なんて、今の自分が、たまたま、一時的にそれが一番良い状態だと勘違いしている幻想でしかない」という台詞がでてきます。実際の文脈は、私の意図とはちょっと違うのですが、今の自分が「正解」だと思うことが「本当にやりたいこと」と等置されている現状に対する批判として、この言葉は妥当だと思います。

大抵の人は、生まれてからこの方、好みも行動もやりたいことも大きく変化してきたはずです。お花屋さんになりたいとつぶやいた幼稚園児がそのままお花屋さんになった事例はほとんどないでしょう。これは大人でも同じです。今の自分がパッと心惹かれているもの――次のタイミングでは違うものになっているだろうもの――を、わざわざ「本当」という重たい言葉でくるんで固定しようとするのは、自分の変化の兆しを見えなくする言葉遣いです。[7]

むしろ、私たちに必要なのは、これが「本当に」やりたいことだと、重たい言葉でくるんで固定するのをやめることです。つまり、自分のやりたいことが知識や経験の増大につれて変化するのを許容しつつ自分の将来を模索するには、「本当にやりたいこと」などという言葉遣いを避けた方がよさそうです。

衝動はすべてを脇に置いて、その活動に取り組ませる

以上を踏まえて、「なぜ衝動を扱うのかというと、『将来の夢』や『本当にやりたいこと』

を突き抜けられるからだ」という説明を理解することができます。

今一度、『チ。』のラファウを思い出してください。彼は将来の夢のことなど考えずに天体の研究に取り憑かれていました。天文学に没頭した先に待っているのは自らの破滅であって、それは「将来像」たりえませんよね。キャリアデザインもなにもありません。身を危うくするわけだから、みんなの憧れでもないし、今の自分が思う望ましいキャリアでもない。

この事例からわかるのは、「衝動」が見つかってしまったら、かえって将来のことなど――あるいは自分のことすらも――どうでもよくなるということです。それが衝動に駆り立てられた人の姿です。衝動を持つ人は、将来につながるか、職業にできるか、評価されるか、評判がいいかなどといったことを一切気にせず、どこまでもひたすらその活動に身を捧げるものです。

まともな民主主義社会では、ラファウが直面したような破滅の脅威はありません。その代わりに、将来への計画性、数値的な評価しやすさ、すぐに役立つこと、効率性、パフォーマンスが何よりも求められます。しかし、そんなものを脇に置いて、とにかく活動に集中させてしまう力が衝動にはあります。普段は関心を抱いているはずのことを忘れ、それらを脇に置かせ、夢中になっている事柄にひたむきにさせる力があるのです。

そして、このひたむきさは、地道な練習を助けてくれる力です。何かに夢中になっているとき、他の人なら苦痛に感じるだろう時間が苦ではなくなります。例えば、絵を描く衝動に取り憑かれている人は、それを向上させるためのデッサンや構図の練習などの地道で基礎的な訓練を、砂漠が水を吸収するような勢いで貪欲に進めていくはずです。もちろん挫折はあるでしょう。でも、魔法をかけられたみたいに、そこから離れられず、ずっと取り組んでしまうはずです。

「何かを学びたい、身につけたい」と思うとき、衝動がその背景にある方がずっと持続するし、遠くまで行くことができます。今の自分の手が届く範囲を超えて、ずっと遠くのものに触れるために何かを学びたいのだとすれば、きっと「衝動」が必要です。自分でも説明がつかないくらい、非合理な衝動が。

検索エンジンから生成ＡＩに至る様々な情報技術は、何かを「欲望」し、それを「行動」に移すこと以外の大抵のこと――情報収集や問題の理解、手段の検討から計画立案、行動の準備や段取りまで――をカバーしてくれていると示唆する議論があります。[8] 裏を返せば、「欲望」と「行動」は、他と比べて、情報技術がまだ本格的に手をつけずにいる部分だということです。

新たなテクノロジーが次々登場しているからこそ、どこまでも私たちを突き動かす衝動について考える意義があるというわけです。解像度が低い議論だとはいえ、広い意味での「欲望」について考える意義が一層増していることを示すには、これで十分でしょう。

本書が扱う「衝動」は、日常的な語感と少しずれているかもしれません。衝動というと、カッとなって人を殴ったとか、キュンとして手を握ったとか、そういう一瞬の感情的高まりを意味するものだと思われそうです。しかし、この意味での衝動と、本書の「衝動」は別のものです。

これ以降で扱うのは、メリットやデメリット、コスパ、人からどう思われるかなどといったこととは関係がないところに向かう原動力としての「衝動」です。世間的な賢明さや理屈とは違うという意味で、「衝動」とは、人生のレールを外れる欲望のことであると言えるかもしれません。人生のレールを外れるといっても、逆張りをしてレールを意図的に外れるわけではありません。衝動とは、そこにレールがあるかどうかを気にせず走っていく力のことだからです。

著者である私は、この「衝動」の不思議な魅力に取り憑かれてきました。その魅力の一端を知ってもらい、その考えを取り込んでもらうことで暮らしや態度を再編成してもらうきっかけになればと思いながら、この本を書いています。

本来なら順を追って話すべきことを、先走って話をしすぎたようです。ここからは、丁寧に議論を進めていきますね。さて、幽霊が起こしたと噂される奇怪な事件に出くわした探偵にでもなったつもりで、非合理な衝動の正体を見極めていくことにしましょう。

第一章　衝動は何ではないか

ダニエル・ピンクの『モチベーション3・0』

俳人の横井也有に、「化物の正体見たり枯れ尾花」という言葉があります。このフレーズが教えてくれるように、怪異や幽霊の類は見間違えやすいものです。それと同じように、衝動が憑依《ひょうい》したと思っても、似たものをそれと誤認し、確信しているだけかもしれません。

衝動と見間違えてしまわないように、似て非なるものを「これは衝動ではない」と区別する必要があります。だとすれば、私たちがまず着手すべき問いは、**【衝動は何から区別されるのか】**、つまり**【衝動は何ではないか】**というものです。

衝動について考える上で、同じように人を動かす力になっている「動機」や「モチベーション」という言葉に注目するのは有用そうです。そのトピックにおいて目を惹《ひ》くのが、ダニエル・ピンクというライターです。ピンクは、ビル・クリントン時代のアメリカ政権で副大統領だったアル・ゴアのスピーチライターを務めていたことでも知られています。

彼には、そのものズバリ、『モチベーション3・0：持続する「やる気！《ドライブ！》」をいかに引き出すか』（邦題、講談社）という本があります。彼は、折々で時代の空気を嗅ぎ取るのがうまく、読みやすい文体で書籍を出しては次々とベストセラーを生み出し、後にはみなが当然視するような考えの要約を提示することが得意であり、そして、この本もその一つです。[9]

要するに、『モチベーション3・0』は、今日の動機に関する標準的な考え方を知るのに参考になるのです。だとすれば、ピンクの議論を参照することで、本書がテーマにしている「衝動」がどんな性質を持っているのかをはっきりさせられると期待できそうですね。

三種類のモチベーション

モチベーションとは何でしょうか。〝motivation〟は、「動機づけ」や「動機」などと訳される英単語ですが、これは、ある行動や決定に至る心理的な要因を指しています。[10]「なぜそんなことをしているの？」という問いかけに、心理的な観点から答えようとするとき参照されるものが、「モチベーション」と呼ばれています。

例えば、「なぜアサさんは国語の勉強をしているのか」と問われたとき、「明日テストで点数が低いと小遣いが減らされるが、それを避けたいから」、「彼女は国語が好きで仕方ないから」などと答えることができます。このとき、私たちはアサさんの「モチベーション」に言及しているわけです。

『モチベーション3・0』によると、動機は三種類に分けられます。[11] モチベーション1・0、モチベーション2・0、モチベーション3・0の三つです。小数点込みで数字を言葉の後に続けるのは、ソフトウェア開発などでソフトのバージョン情報を表記するための文化を転用したものです。[12] 整数部分を（例えば1から2に）変えることで、同じとは言えないくらい性質が違っていると示す意図が込められて使われています。

1・0から3・0までのモチベーションは、どんな風に区別されるのでしょうか。箇条書き的に、それぞれの中身を示すとこんな感じです。

〈モチベーション1・0〉——食事や睡眠などの生理的な動機
〈モチベーション2・0〉——インセンティヴ（誘因）によって生まれる動機
〈モチベーション3・0〉——その人の内から湧き出る「やりたい」という動機

「エミリさんはなぜ紅茶を飲んだのか」という問いに、「喉が渇いたから」と答えるとき、私たちはモチベーション1・0に言及しています。生理的な動機について、これ以上詳しい補足は必要ないでしょうから、ここでは残りの二つについて見ていくことにします。

インセンティヴと内発的動機づけ

モチベーション2・0として、「営業成績が上がったら人事評価につながるから、伊地知さんは営業を頑張っている」とか、「ライブハウスを借りるのにチケット販売ノルマがあって、売れない分は自腹で補塡する必要があるから、後藤さんは頑張ってライブのチケットを売ろうとしている」といった具体例を想定できます。

前者のように特定の行動を促す報酬や要因は「正のインセンティヴ」、後者のように特定の行動を阻害する報酬や要因は「負のインセンティヴ」と呼ばれます[13]。ちなみに、負のインセンティヴは、「サンクション」という名前で呼ばれることもあります。こちらの方が呼び名としてはポピュラーかもしれません。

モチベーション2・0は、報酬という外側からの動機づけであるのに対して、3・0は、「やりたい」「好きだ」といった、自分の内から湧き出る動機づけのことです。これは、心理学などの分野で「内発的動機づけ（intrinsic motivation）」とも呼ばれます。私たちにとって馴染《なじ》み深い種類の動機なのですが、抽象的なレベルで説明すると意外に複雑なので例を出しましょう。私個人の経験です。

私は部活でトロンボーンを演奏していました。放課後や早朝など練習に励んでいたのですが、それは、お金になるからでも、社会的評価を得られるからでもありません。ただ単にそうするのが楽しかったからです。私の学生時代の音楽生活は、生理的欲求（1・0）やインセンティヴ（2・0）では説明できません。言い換えると、自分の内から湧き出る関心や意欲によって駆動されていたのです。

これが、内発的動機づけ。平たく言えば、日常で「やる気があったからそうしている」「好きだからそうしている」というときに想定される動機のことを、ダニエル・ピンクはモチベーション3・0と呼んだわけです。

衝動は、モチベーションの言葉遣いでは説明できない

私たちがダニエル・ピンクのモチベーション論を取り上げたのは、衝動の考察を深めるためでした。序章で取り上げたラファウは、ダニエル・ピンクが用意した三種類の言葉遣い（モチベーション1・0、2・0、3・0）のうち、どれで説明できるでしょうか。

少なくとも、生理的な動機ではありません。ラファウは、食事や睡眠のような仕方で地動説に走ったわけではないからです。もちろん、インセンティヴでもありません。社会が与えてくれるインセンティヴはすべて天動説を支持するよう促していたからです。では、ラファウは地動説へと向かう内発的動機を持っていたでしょうか。

多少は、そう言えるでしょう。地動説の探究へと向かう意欲は、確かに彼の内から湧き出ていたはずです。でも、「やりたかったから」「好きだったから」などの言葉の網では零《こぼ》れ落ちる部分が、ラファウの心理には残されているようにも思えます。「ラファウは、ちょっとやる気スイッチが入ったから、好きだから地動説を探究した」という表現で、命を賭してまで地動説の探究に惹かれていた彼の姿を描きうるとは思えないからです。内発的動機づけによってラファウの行動を説明するとき、明らかに何かを語り落としています。

この「語り落としているもの」こそが、衝動にほかなりません。ダニエル・ピンクが整えたモチベーションの言葉遣いでは説明しきれない過剰さを伴うタイプの行動もある。つまり、ある種の行動は、生理的欲求（1・0）、インセンティヴ（2・0）、内発的動機づけ（3・0）という基準では実情を捉えきれない。そのとき、そこに衝動があります。

逆に言えば、モチベーション的な語彙による説明の失敗こそが、衝動の輪郭を浮かび上がらせています。そういう合理的な説明では回収しきれない「過剰さ」や「残余」としてはじめて衝動は指差すことができるのです。

対価をもらわずに空揚げを作って配る人の話

ラファウや『チ。』の話ばかりでは読者の中でイメージが膨らまないので、大学時代からの友人である三浦祥敬さんの話をさせてください。三浦さんは僧侶の松本紹圭さんと、『トランジション：何があっても生きていける方法』（春秋社）という本を書いている人です。

2021年から2年半ほど、彼は空揚げを揚げながら暮らしていました。こう聞くと、空揚げ専門店に勤めていたと思うかもしれませんが、そうではありません。三浦さんは、「空揚げを無料で配り歩く」という生活実験をしていたんですね。空揚げ配りは「OFUSE Experiment」というプロジェクトの一環として位置づけられています。[14]

空揚げ配りのための宿泊場所、移動手段、食事、揚げるための素材、揚げたり配ったりする場所などは、無数の縁や投げ銭によって「お布施」してもらっています。このようにして、対価をもらわずに空揚げを揚げるという彼の実践は成り立っています。

OFUSE Experimentは、対価をはじめとする様々な「所有への欲」を手放すことで、自分の感覚にどんな変化が起こるのかということを楽しむ実験だそうです。勘のいい方は気づいたかもしれませんが、プロジェクト中の彼には、特定の住まい（定住場所）はありません。何もかもお布施してもらっているので、住居もそうなるわけです。なんだか、西行みたいですよね。

「いやいや、なんでそんなことを、そんな熱量で？」と反射的に思った方も多いでしょう。その「えっ、なんで？」という疑問は、ダニエル・ピンクのようなモチベーションの言葉遣いで把握しきれないところから生まれる感覚です。もちろん、内から湧き出る意欲が三浦さんにもあったはずです。しかし、モチベーションの語彙だけでは説明しきれない謎の力が彼を突き動かしているのも確かでしょう。

その理に適《かな》った理由には回収できない過剰な部分にこそ、今は注目したいのです。三浦さんのような人を見て、「え？　なんでそんなことを、そんな熱量で？」と質問したくなってくるのは、私たちの合理的な説明にとっては不可解で非合理的な部分を目の当たりにしているからです。人生のレールを外れるとは、そういう過剰で不可解な活動へと向かうさまを指しており、これまで挙げたラファウや三浦さんはそういう瞬間を生きた実例だと言えます。

「なぜ空揚げを作るのか」に関する、本人による説明

三浦さんの「OFUSE Experiment」は、衝動について考えるヒントになるので、もう少しこの事例に付き合ってみましょう。彼のプロジェクトについて知ったとき、「え？　なんでそんなことを?」と思う人は相当多いようで、彼は、ウェブメディアからインタビューを受けたり、NHKの地方局から何度か取材されたりしています。

そうしたメディアで投げかけられた「なぜそんなことを?」という質問に対して、彼は、「商品や貨幣に囚われない関係性を実験したい」「金銭を離れた生活でどんな感情が生まれるかを知りたい」「仏教のアイディアを、自分の実験的な体験と照らし合わせながら探究したい」などと回答しています。それぞれの回答は、確かに理解可能な説明、合理的な理由になっていますね。

その一つを実際に見てみると、こんな感じです。

……自分自身が何かをした対価としてお金が入ってくるという構造が現代の一般的な経済の循環だと思うんですね。その対価を得るために、自分自身のスキルを高めたり知識をつけたり付加価値をつけていくわけです。ある意味では、自分自身を商品として高めていく

ようにも思えますよね。〔……〕自分自身で価値を高めて、雇用契約を結ぶということは、自分自身で「市場」で売られにいくようにも感じるんです。[15]

「対価をもらう」という経済行為を突き詰めると、「自分の価値を高める競争に参加する」とか「自分を高く売りつける」という側面がどうしても出てきます。つまり、対価をもらうことは、自分を数値評価や競争にさらす行為へとまっすぐつながっている。三浦さんは、そういうやり方には拒否感があり、加担したくないと感じているのです。この辺りは、就職活動や恋愛、ＳＮＳにおいて似たことを体験したことがあるという人は少なくないでしょう。

この考え自体は、三浦さん独自のものというより、割とよく見かけるオーソドックスな見解の一つだと言え、それゆえに、彼個人の観察を超えた説得性を持っています。三浦さんと似た考えは、マーク・フィッシャーという哲学者にも見られます。

いずれにせよ、誰にとってであれ、自分自身であること（さらに言えば自分自身を売り込むことを強いられること）ほど惨めなことはない。文化や、文化に対する分析が価値を持つのは、それが自分自身からの逃走を可能にする限りでのことなのだ。[16]

文化に、あるいは文化を読み解くことに価値があるとすれば、それは自己逃避をもたらしてくれるからだとフィッシャーは言っています。なぜ自己逃避が魅力になるかというと、パフォーマンスによって評価される競争社会では、誰もが「自分である」こと、すなわち自分を演出・営業することを強いられており、その結果も、自分だけで受け止めるほかないということです。

学校や就活、会社、友人関係や恋愛関係で、自分を高く見せて「商品」として売り込もうとすることは、珍しい生き方とは言えません。「スクールカースト」とか「恋愛カースト」とか「ハイクラス転職」とか、世の中に序列付けを意識させる生々しい言葉が満ちているのは、「商品」としての売れ行きに関わる評価秩序が支配的なものとして存在していることの証《あかし》です。[17]

でも、自分を「売り物」として扱う生き方ばかりしていると、どうにも惨めな気分になってくる。だからこそ、文化による自己逃避が価値を持つのではないか。マーク・フィッシャーの先の発言は、そういうちょっと皮肉の効いた、しかし切実な発言です。

文脈に若干の違いこそあれ、自分を市場で売られる商品のように扱う生活をやめたいという感覚をフィッシャーと三浦さんは共有していました。そのために、市場的世界観を降りる実験に取り組みたいと三浦さんは考えたのです。「私には価値があります」「こんなにすごい人間です」「社交的で人当たりがいいんです」などと、「私」を選んでもらえるようにアピールし続けるような自己のあり方を市場が強いている。そういうあり方から逃れたい。そのとき彼は、市場とは異なる仏教文化が発展させてきた「お布施」というやりとりを、空揚げと絡めてアレンジするというやり方を採用しました。

以上が、彼なりの一応の理由づけです。十分筋が通っていて、理解可能で、一定の説得力があるということは、読者にも十分共有されたでしょう。

衝動は、説明から常に零れ落ちる

個人史や仏教的背景、アートイベントなどを手がける会社に勤めていた頃の挫折の経験など、複数の文脈や考えが混ざり合って「空揚げを作って無料で配る」というスタイルになったことは、彼自身の言葉に触れることで段々とわかってきます。これまでの私の解説を読んでいて、「まぁ、なんとなくわかってきた」と既に感じている人もいるでしょう。

それでも、「対価をもらう」とか「定住する」といった通常は疑われることのない習慣から、強引に自分の行動を引き剥がす原動力はどこから来たのかという問いに、彼自身の言葉は満足のいく説明を与えてくれません。いや、説明自体はあるのですが、説明を聞いたところで、「それがこの行動の原動力にほかならない」と断言するのは、なんだか躊躇《ためら》われるはずです。

だって、それなりに説得力ある理由を与えられたとして、誰が家を捨てて、対価もなしに空揚げを揚げ続けられますか。しかも、彼は二年半くらいそんな生活を続けていたわけです（今も空揚げとは違う手法で、似た暮らしを続けています）。彼のこの行動は、「やる気があったから」「そうしたかったから」といった抽象的なモチベーションによって説明しきれるものでしょうか。

「内発的動機づけ」と呼ぶには過剰な何かがあると考える方が、よっぽど自然ですよね。ダニエル・ピンクのモチベーション的な言葉の網では、どうしても零れ落ちる部分がある、つまり、やる気や意欲のような抽象的な言葉では説明しきれない不可解で過剰な何かが働いていると。

インタビューなどで開示される彼の説明が、仮に納得のいく妥当な内容だったとしても、それでも覆い尽くせない非合理で過剰な何か――「幽霊」に喩《たと》えられる何か――が、彼の活動には憑《つ》いています。そういう合理的な言葉遣いから零れ落ちて、そこに残っている過剰な動機のことを、私たちは「衝動」と呼んでいるわけです。

衝動は、自分でも驚くような行動をもたらす

「衝動」に根ざした行動には、合理的には説明のつけきれない部分が残っているという話でした。過剰で、非合理で、わけがわからない、などと口にしたところで理解が深まらないので、衝動の性質を掘り下げることで、何に私たちが戸惑っているのかを考えてみたいと思います。

衝動の非合理性をよく表わしているのが、「衝動に根ざした行動は、自分でも驚くような行動だ」という特徴です。自分の中に衝動が生まれ、火がついた瞬間、人は自分自身に取り乱すことがあります。思いもしない変化にさらされて、自分自身の首尾一貫しなさ、筋道立った説明のできなさに戸惑うのです。

お馴染みの『チ。』にも、そういうシーンがありますが[18]、やはりイメージを膨らませるために別の例を用いましょう。ここでは魔王討伐後の世界を描いたファンタジー漫画である『葬送のフリーレン』（小学館）を用いさせてください。私の好きな漫画であるということも

あるのですが、聖職者（僧侶）を務めているハイターという人物が、なかなかに味わい深い発言をしてくれているからです。

彼は、自己利益や酒などの嗜好品《しこうひん》に執心しているので、仲間から「生臭坊主」と呼ばれています。しかも、享楽的で打算的な性格を隠すことなく周囲に軽口で語るひねくれっぷりです。[19] どこかラファウと重なる性格ですね。そのハイターは、第一巻に収録された「僧侶の嘘《うそ》」というエピソードの中で、「自分自身への驚き」を吐露しています。

フェルンという戦災孤児が、亡き両親の写真が入ったロケットペンダントを眺めながら、今にも死のうとしているのを見かけたハイターは、魔王討伐のためにかつて一緒に旅した旧友を思い出して、「今　死ぬのは勿体《もったい》ないと思いますよ」[20]と話しかけます。突然声をかけられたことにも、不可解なフレーズにも困惑して思わず聞き返したフェルンに、彼はこう続けます。

もう随分前になりますか、古くからの友人を亡くしましてね。私と違ってひたすらにまっすぐで、困っている人を決して見捨てないような人間でした。私ではなく彼が生き残っていれば、多くのものを救えたはずです。私は彼とは違うので、大人しく余生を過ごそうと思っていたのですが、あるときふと気が付いてしまいまして。私がこのまま死んだら、彼から学んだ勇気や意志や友情や、大切な思い出まで、この世から無くなってしまうのではないかと。あなたの中にも大切な思い出があるとすれば、死ぬのは勿体ないと思います。[20]

子どもを説得するためのハイターの穏やかな語り口は、「自分自身への驚き」を、かえって深く伝えているように思えます。とはいえ、このフレーズから驚きを読み取るには、少し説明がいるかもしれません。

ハイターは、打算や合理性によって想定通りの「大人し」い時間を過ごそうと考える人物でした。しかしあるときから、亡き友人の思いを継ぐために「あいつならこうするだろう」という行動を否が応でも選ぶようにしたい、と思うようになります。それは、大人しい余生を目指していた打算的なハイターからすると、首尾一貫しないものです。希死念慮に囚われるフェルンにハイターは打算なしに声をかけました。その一貫しない行動は、自分自身を驚かせるものだったはずであり、その行動を生じさせた原動力は、「衝動」と呼ばれてよいものです。

まとめておきましょう。衝動は、人の行動を脈絡なく、不連続に変えてしまいます。それは当人からしても奇妙に思える変化です。それゆえ、衝動が人に憑依した瞬間、人は「自分自身に驚く」ことがあるのです。[21]この辺りに、衝動の非合理的側面の一端が表れていると言えます。

衝動には、極端な持続性がある

もうひとつ、衝動に根ざした行動に「わけわからん」と感じる原因となっている特徴があります。それは、衝動の極端なまでの持続性です。衝動は、「ナンデ⁉」というくらい長持ちする動機なのです。

生理的欲求は、それが満たされたら、インセンティヴはそれが失われたら、内発的動機づけは、取り組んでいる内容に慣れてきたらしばしば失われます。往々にして、モチベーションの言葉遣いでは、短期・中期のことしか語れないのです。

それに対して、衝動はかなり長続きします。例えば、三浦祥敬さんの「色んな所有を手放し、空揚げを作っては配る」という例の試みは、どういうわけか数年にわたって続きました。一度本人に聞いてみたことがあるのですが、空揚げを揚げること自体に素朴な喜びを感じる時期は早々に終わり、空揚げという対象そのものには飽きを感じる日もなくはないそうです。

それでもなぜか、空揚げを作り続け、そのまま何日も、何カ月も、何年も経った。対価をもらっていないから、インセンティヴがあるわけでもない。かといって、惰性でもない。その状況でこれだけの継続性があるというのは、ちょっとむちゃくちゃですよね。わけがわからない。

先ほど言及した『葬送のフリーレン』のハイターにも、同じような持続性が確認できます。旧友の思い出に値するような行動へ向かう衝動は、一瞬だけ機能して消えてなくなるものではありませんでした。というのも、さきほど引用した穏やかな説得の後で、ハイターはフェルン（自死しかけていた子ども）を引き取って育てる決断をするからです。

何年にもわたって誰かの人生を引き受けることは、「あるタイミングで気分が盛り上がったから」といった一瞬の決意で済むものではありません。子どもの将来に対する心配や不安はもちろん抱くはずですし、子どもの様子に苛立《いらだ》ちを感じて、嫌になる日だってなかったとは言えないでしょう。当然、子育ては楽しいことばかりではない。それでもなお、旧友に値するような行動をする人物でありたいという衝動は、ハイターの余生に、ずっと働き続けていました。

要するに、衝動は一瞬の気持ちの高まりのことではありません。衝動は、長期間にわたたって続く行動を支えます。しかも、単に長く続くだけでなく、疲れたり飽きたり嫌になったりしてもなお続くというところが重要です。そうしたモチベーションに反するように見えるところに、衝動の非合理的な側面が垣間《かいま》見えます。

ジークムント・フロイトの欲動論

哲学的な議論も差し挟んでおきましょう。ここで持ち出したいのは、ジークムント・フロイトの議論です。彼の名前を聞いたことのある人は多いでしょう。少なくとも、高校時代に世界史や倫理などで耳にしているはずです。

フロイトは、無意識や超自我、エスなどの独特な語彙を組み合わせて、精神医学や心理療法に貢献をしました。1856年に生まれ、1939年に亡くなったと聞くと、現代からすると「随分前の人」という感じがしますが、現代でも彼の影響は色濃く残っています。

彼の足跡を感じられる身近な話題と言えば、やはりカウンセリングでしょう。心療内科のウェブサイトをよくみると、たまに「力動的心理療法」と書かれています。これは、フロイトの着想に基づく精神分析学という分野から影響を受けたカウンセリングを提供していることを意味します。[22]

「力動的」という形容詞に、フロイト的な意味合いが込められています。この言葉は、異なる方向性や力を持った複数の領域が互いに働きかけ、せめぎ合う場として、人間の心を捉える姿勢を表しているからです。フロイトは、人間の心を一枚岩と捉えないわけですね。[23]

彼は、そういう複合体としての心の重要な部分として「欲動（Trieb）」があると考えました。"Trieb"は英語の"drive"（動機・原動力）に当たるドイツ語で、これまでの議論でいうと「衝動」に相当する言葉です。ここではフロイトの「欲動」に関する議論を振り返ることで、これまでわかったことを復習しておきましょう。

論文「欲動とその運命」（1915）では、欲動の三つの特徴が挙げられています。[24] 第一に、欲動は、外界からではなく身体の内部から生まれるものであり、第二に、一時的で瞬発的な力ではなく恒常的な力として働き、第三に、それから逃げ出すことのできるものではない。第一の特徴については、フロイトの指摘は半面の真理しかないと言わざるを得ません。「衝動は自分のものでありながら、自分ではコントロールしきれない」と序章で論じたように、衝動は自分の内にあるものでありながら、自己の外側からやってきたものであるかのように振る舞うという特性があるからです。この点に注意する必要はありますが、それでもフロイトの議論は、大まかには本書の議論と重なっています。

ただし、私たちはこの論文を超えることも言っています。「衝動は自分の内部で生まれたものでありながら、外部のもののように働く（＝コントロールしきれない）」という論点だけでなく、「衝動は自分自身を驚かせる力がある」という論点も、実は重要なポイントです。「人生のレールを外れる欲望」は、自分自身でも意外に思ってしまうような力を持っているわけです。

衝動についてこれまでわかったこと

ここで一旦、衝動についてわかったことを整理しておきましょうか。モチベーションの語彙では説明しきれない行動がある。その行動の背後で働いているものを、私たちは「衝動」と呼んでいます。それは「え？　なんでそんなことを、そんな熱量で？」と、周囲や自分自身が疑問に思うくらい非合理な動機であり、〝要領のいい〟行動、〝賢い〟行動とは無縁です。衝動を持つ人は、ちょっと不可解で、はちゃめちゃなところがあるわけです。その様子を、評論家の荻上チキさんは「自分ではもうコントロールしきれないくらいの情熱」「過剰なパッション」と表現していました。

地動説を研究する、近隣への挨拶方法や満員電車の攻略法を追究する、空揚げを配りながら暮らす、遺児の人生を引き受けるなどといった、あまり身近とは言えない事例（？）を挙げてきましたが、もちろん些細で日常的なことが衝動の対象になることはありえます。

例えば、散歩に夢中になる人もいます。マニュエル・ヤンという研究者は、知人にゲストスピーカーとして呼ばれたとき、「最近歩くのにハマっているから」という理由で24キロの道のりを3時間半かけて歩いて会場まで向かったそうです。[25] 研究者という生き物は言葉が達者ですから、理由を聞けばそれらしい説明が出てくるわけですが、「なんでそんなことを、そんな熱量で？」と言いたくなる気持ちは、説明を聞いてもなお消えません。

散歩のほかにも、衝動の宛先はいくらでも考えられます。鳥の声を聴くこと、庭の植物を育てること、物語を読むこと、同人誌を作ること、山登りをすること、プログラミングをすること、写真を撮ること、裁縫や刺繍《ししゅう》をすること、詩や小説を書くこと、絵を描くこと、演劇をすること、夜にロードバイクで走ること――。

こうした事例から、子どもの姿を思い出した人もいるかもしれません。公園で過ごしている子どもが、何時間もアリの動きを眺め続けたり、雲の形や動きを何日も観察して絵に描いたり、飽きもせずにレゴブロックを触り続けたり、何度も同じ絵本を読むようせがんだり。こうした姿は、大人からすると不可解に思えるところがあります。ここで働いているのも、衝動だと考えられます。

コラム　否定神学、他人指向型、『葬送のフリーレン』

各章の末に簡単なコラムを置くことにしました。こぼれ話や議論上の補足、流れ的に書きづらかったことなどを書いていきます。

本章で使ったような、「○○ではない」と除外しながら物事に迫っていくアプローチを、否定神学と呼ぶことがあります。その名の通り、神学のアプローチの一つで、否定表現のみを通して神を語ろうとするもの。本章は「のみ」とまでは言えませんが、否定神学的ではあったでしょう。否定神学は、神を「これ」と直接語らない分、神秘的な雰囲気を帯びます。

次章では、肯定神学的なアプローチを採っています。「これ」と定義的に名指しにくいやり方です。否定よりも肯定の方が神秘的な雰囲気は薄いものの、考える対象が明確にわからない場合に、肯定神学的なルートをいきなり選ぶのは困難です。否定神学的な路線は、考えている内容がはっきり見えない場合の初手として用いるなら有効だということです。

古川裕也さんの『すべての仕事はクリエイティブディレクションである。』（宣伝会議、2015）でも似た考えが紹介されています。広告のディレクションの現場でも、チームが思考のリソースを割くべきではない場所を「これは違う」と指定し、悩み抜くフィールドを絞ることが大切だそうです。「これ」と言えるような企画をいきなり目指すことが難しいのだとか。これは、本書のアプローチと重なっていますね。

そして、もう一点。デイヴィッド・リースマンという社会学者の『孤独な群衆』（みすず書房）を参照する予定でした。「社会性格論」と言って、ある時代や地域の社会集団において基調となる性格——反応や行動の傾向性のことだと思ってください——とその変化を論じた本です。大衆消費社会が到来した近代アメリカにおいて、常に他人の行動を気にして自分の行動を編成する「他人指向型」が支配的になっている。レーダーで探知するように、同時代のトレンドや「正解」を捉え、それに自分を合わせていこうとする性格です。他人指向型とは真逆を行っているという意味で、現代において衝動は重要なのだと論じるつもりでした。

また、他人指向型からほど遠い人物の代表格として、『葬送のフリーレン』の主人公であるフリーレンを紹介しようとも考えていました。エルフという人間の数百倍も長命な種族であるフリーレンは、特殊な趣味を持っていました。自分の魔法の師匠が書いたと伝えられている文書があれば、偽書だったとしても集めること。そして、「葡《ぶ》萄《どう》を酸っぱくする魔法」のような他愛ないものも含め、様々な魔法を収集すること。他人からするとくだらないような趣味ですが、そういう他愛ない遊びがあるからこそ、何千年にもわたる生活を楽しめているのだと思います。ここには衝動について考える上で、何か重要なものがあるような気がしています。

第二章　衝動とは結局何ものなのか

衝動に積極的な定義を与える

現代アメリカ文学を代表する小説家のジョージ・ソーンダーズが書いた『リンカーンとさまよえる霊魂たち』（河出書房新社）という長編小説があります。南北戦争期に合衆国の大統領となったエイブラハム・リンカーンが、息子を亡くしたという史実から着想を得て書かれた奇妙な作品ですが、この中には大量の幽霊が登場します。

本作の幽霊には、興味深い特徴があります。人に気づかれることのない荒唐無稽な存在である、そして、憑依《ひょうい》した人の経験を読み取ることができ、その人の心や行動に対して働きかけて変化を及ぼすことができる、などといった特性です。「衝動にはなかなか気づけない」という性質は、序章でジョン・デューイを引いて指摘したことですし、「その人固有の経験を踏まえて、その行動に影響を及ぼせる」という特質も、これまで私たちが衝動について述べてきたことと重なっていますね。それゆえ、幽霊というメタファーを掘り下げることで、衝動について考察する、という方法を本書では採用しました。

前章では、衝動のいくつかの特徴を明らかにしました。衝動は「モチベーションの語彙」で把握しきれないものであり、それは非合理な情熱と呼べるほどに、自分自身でも驚く方向に、私たちを突き動かす内なる原動力です。

第一章において衝動を探り当てた手順は否定神学的でした。否定形を通じて衝動の輪郭を探った後は、「誰が見てもこれは衝動だ」と合意がとれる明確な事例を検討することで、いくつかの特徴を導き出しましたが、全体として見れば、あくまでも消極的な手順だったと言わざるをえません。

だとすると、「こういうのは衝動＝幽霊ではない」と探索範囲を省くだけでなく、「こういうのが衝動＝幽霊なんだ」と直接指定する肯定神学的なアプローチが必要となりそうです。衝動＝幽霊は、普段通りに過ごしても見落としかねないので、幽霊の性質を明確に認識した方がよさそうですよね。具体的には、「幽霊とは死者の魂や強い情動が形になったものである」というような直接的な特徴づけです。

幽霊＝衝動を見定めてやりましょう。これまでは衝動の輪郭をあぶりだしただけなので、衝動の姿を見るために積極的な定義を与えたいところです。すなわち、本章で取り組む問いは、**【衝動とは結局何ものなのか】**です。幽霊がどういう性質を持っているかを知っていれば、実際に具体的な幽霊を見つけるのは訳ないことです。

欲望の「強さ」に目を奪われるな

「私たちを突き動かす原動力」という表現から察せられるように、衝動にはある種の「力」が宿っています。それは、あることを「したい」「ほしい」と感じる強さ、つまり欲望に絡まった感情の強烈さのことなのでしょうか。この疑問、つまり「気持ちの強さは衝動にとってどれくらい本質的なのか」という疑問から始めることにしましょう。

小説家・辻村深月さん原作の映画「ハケンアニメ！」には、主人公の新人アニメ監督（吉岡里帆さん）が、連日の作業で疲労困憊《ひろうこんぱい》する度にエクレアを心底食べたそうにするシーンがあります。確かに、疲れたときは甘いものが途方もなくほしくなりますよね。

私も私で、最近新しいシューズがほしい気持ちが強いですし、ファッションをもっと楽しみたい、ヨルシカや星野源さんのライブに行きたいなどと心から思っています。このように、思いや感情の強さで特徴づけられる欲望を、「強い欲望」と呼ぶことができます。

モチベーションの話をするとき、世間の人は、大抵「欲望の強さ」を念頭に置いています。

例えば、企業や学校などの組織の運営サイドは、「意欲」「やる気」「自発性」「内発性」「動機づけ」「競争心」などの言葉をしばしば好みますが、それは、モチベーションをうまく調達できれば、人々を感情的に巻き込んで主体的に行動させることで、生産性の向上を期待できるからです。つまり、強い欲望は、感情的な動員に関係するのです。

強い欲望は「他人の視線」を介して生まれ、だからこそ情動の高まりを伴う傾向にあります。例えば、同僚が海外の取引先と流暢な英語で話すのを聞いて負けん気が生まれ、彼女の語学力を上回ろうと熱烈に英会話を頑張るということはあるでしょう。あるいは、周囲が会社の理念に強く共感しているとき、自分も同調してますます熱心に会社に尽くすようになるということはあるでしょう。夏目漱石の『こころ』ではないですが、自分の意中の人が他の誰かと仲良くしている様子を見て、自分の恋心を一層自覚した経験がある人は読者の中にもいるはずです。

小学校の頃、遊戯王のカードゲームが流行っていたのですが、友人たちの間で評価されているカードを当時の私は喉から手が出るほど欲しがっていました。この欲望は明らかに「強い」ものでしたが、持続性はありません。私はしばらくしてカードゲームへの興味を失いました。当時欲しがっていたカードが何であり、それを手に入れたかどうかを覚えていないくらいです。

　こうした事例からわかるように、欲望に伴う「思いの強さ」は衝動にとって本質的ではありません。衝動に強い感情が伴う場合も多いでしょうが、強い感情が伴っているからといって、その欲望が衝動であるとは言えないということです。

　本章で達成したいのは、自分の衝動をどうにかこうにか見つける方法を明らかにすることです。その第一歩として以下では、「強さ」とは別の視点、すなわち「深さ」の観点から欲望について検討していきます。

深い欲望の性質

　起業家でライターのルーク・バージスは、「強い欲望」と、「深い欲望」を区別しました。例えば、「お金を稼ぎたい、美しい容姿の人と付き合いたい、有名になりたい」という（特に若い時分に抱きがちな）欲望は「強い」ものではあっても、「深い」ものではありません。[26] エクレアやカードをはじめとするさきほど挙げた事例もそうです。それでは、深い欲望とは何でしょうか。

　バージスは、「表面から見えないほど奥深く」から生まれて自分を突き動かす欲求を「深い欲望」と呼んでいます。[27] これは、他人を起点に抱かれる欲求ではないということです。常にトレンドや世間的な「正解」が何なのかを気にする「他人指向型」[28]の欲求は、自分の中に原動力を持たないという意味で、「深い欲望」とは言えません。

それゆえ、ここでの「深さ」には、〝味わい深さ〟や〝奥深さ〟みたいな秘教的なニュアンスはありません。深さという言葉に、秘伝や奥義めいた意味合いを決して読み取らないでください。「深い」は、便宜的なラベルにすぎません。必ずしも感情的強さを伴わず、かつ、他者起点で形成された欲求とは異なるため知覚しづらい欲望に対して結びつく形容詞だという以上のイメージを持たずにいるといいと思います。

自分の深い欲望はわからないのが常態

深さのある欲望を捉えようとするのは、喩《たと》えるなら、海面から底の方を覗《のぞ》き込んで、海底の岩や砂粒を押しのけて漏れ出してくる微《かす》かな気泡を見つけるようなものです。どこから気泡が湧き出しているのかがわかりづらい。底までは距離があるし、そもそも海が凪《な》いでいなければ見えづらいでしょう。強い欲望と違って、目立った感情的高揚が伴わないものなので、体感できる刺激の強力さを探索の手がかりにはできません。[29]

つまるところ、深い欲望はわかりにくく、見えにくく、捕捉しづらいのです。進路選択、就職活動、転職や退職、移住、告白、離別、結婚、離婚、出産などの大きな決断をしたことがある人には、自分の欲望の捉えどころのなさについて感覚的に理解してもらえるに違いありません。こういう問題で悩んでいるとき、感情を手がかりに心の棚卸しをしても、いまいち手ごたえがないものです。

消費社会論や文化産業論と呼ばれる分野には、「消費者＝市民は自分が何を求めているのか自分でわかっておらず、自分の求めるものを広告に教えてもらう必要がある」という批判的な議論があります。これだけ聞くと極端に思えるかもしれませんが、順を追って考えれば不思議はありません。

憧れていた商品を手に入れた瞬間が、その消費体験の楽しさのピークというのはよくありますが、そんなことが起こるのも感情の高揚ゆえです。実際的な必要性、商品への高い関心、十全な自己理解などに支えられた欲望ではなく、他人起点で生まれた欲求に身を任せた消費なのです。自分の欲望をちゃんと見極め、十分ものに価値を認め、味わうことができるなら、手に入れた瞬間がピークになることはありません。

このように、現代人は本当のところ自分が何を求めているかを理解することができない上に、自分の感覚から自分の欲望を立ち上げるよりも広告やイメージなどの刺激を通して欲求を生み出そうとしています。

しかも、そのとき取り入れる情報は広告だけではありません。占い、インフルエンサー、自己啓発書、セミナー、コンサルタント、友人、推し、オンラインサロン、セレクトショップ、SNS、レビュー、レコメンド機能など、様々な場所に「これを欲望せよ」と決めてくれる権威や根拠を求めています。具合の悪いことに、どの権威を信じるべきかについての絶対的な基準がないので、その権威そのものも落ち着きなくスイッチしてしまう（他人指向型）。自分が何を求めているかわからないのも当然という感じがしますね。

強さを基準に衝動を把握しないこと

こうした寄る辺ない消費者の欲望は、往々にして「感情の高揚」（欲望の強さ）で勝負しています（SNSで散見される「最高」「尊い」「神」「クソデカ感情」などの大げさな言葉遣いを思い出してください）。しかし、そういう欲望は、実際には色々なものに自分の判断基準を預けることで成立するもの、つまり、他者の欲望を自分の欲望としてコピーすることで成立するものなので、内発性（自分の内から湧き出ているという性質）がありません。

マスコミや広告では「響く」・「強い」・「刺さる」という言葉がよく使われます。[30]娯楽やSNS、ニュースなどでも劇的な刺激や誇張された表現は珍しくありません。常々強い刺激にさらされているため、現代人は、「自分を突き動かす欲望は強烈なものであるはずだ」と考えてしまいがちです。[31]深い欲望に気づきづらい背景には、私たちの感性が強さ基準で反応するセンサーになってしまっているという事情があるわけです。

このときに思い出されるのは、現代アーティストのジェニー・ホルツァーが1983年に発表した「PROTECT ME FROM WHAT I WANT（私の欲しがるものから私を守って）」という作品です。都市部の高層建築に設置された電光掲示板に、「PROTECT ME FROM WHAT I WANT」というフレーズを提示するメディアアートで、消費者が自分の欲望を見失っている高度消費社会のあり方や、各国の世論を背景としながら緊張を高めている国際政治の状況などを念頭に置いたものとされています。自分で望んだはずのことが、自分を恐怖や不安に陥れている。

私の欲しがるものから私を守って。一見意外な言葉の組み合わせですが、さっと記憶に残る不思議なフレーズですよね。少なくとも、時折余計な行動をしては自分自身を苦しめてしまう私にとっては、蜂に刺されるような言葉でした。ホルツァーの言葉を見ると、哲学者のブレーズ・パスカルに倣って「人間の悩みの大半は、結局自分が何を求めているかわからず、余計なことばかり欲してしまうからだ」と言いたくなってきます[32]。

こうしてみると、「PROTECT ME FROM WHAT I WANT」は、強い欲望に気を取られて深い欲望を見失った状態を象徴するフレーズに聞こえてきます。「強い欲望から守ってほしい」。海面から見える強烈な欲望に目を奪われて、底から湧き上がる小さな気泡には気づけないでいることへの嘆きに思えてこないでしょうか。ジェニー・ホルツァーの嘆きが妥当だとすれば、私たちは深い欲望をどのようにして見つけ、育てて行けばいいのでしょうか。

型破りな人を研究する「ダークホース・プロジェクト」

心理学者のトッド・ローズとオギ・オーガスは、通常想定される成功のレール、定石的なキャリア、大半の人が信じる道を外れ、回り道や型破りに見えるような独特な道行きを選んできた人に関する研究をしています。その名も、ダークホース・プロジェクト。外れ者の研究プロジェクトに、ふさわしい名前ですね。

「天文学者として成功するには、博士課程の学位を取得し、名のある大学で博士課程修了後の研究期間を終え、終身制の教授職に落ち着くというのがふつうである。オーダーメイドのテーラーとして成功するには、若いうちからファッションへの情熱を抱き、そのままコツコツと着実に腕を磨き、ひとりの師匠の下で何年も修業を積むというのが決まりのルートだ[33]」。

しかし、ローズとオーガスが取り上げたのは、15歳で高校を中退したニュージーランドのシングルマザーのジェニー・マコーミックや、大学の学費のために始めたバーテンから多数事業を展開する事業家となり、大学を辞したアラン・ルーローのような、人生のレールを外れた人物です。

ジェニー・マコーミックは、高卒認定試験にも落第したほどだった。けれども、20代の半ばにカルデラ盆地で夜空を見つめ、そのありように圧倒されて以来、プラネタリウムで講師を捕まえて助言や支援をもらいながら天文学を学ぶようになり、自宅に高度な技術を使った天文台をつくるまでになった。そしてついにマコーミックは、アマチュアの天文家として新惑星を発見した。1781年以来の快挙だった。

アラン・ルーローは、大学を辞してまで取り組んだ事業が順風満帆なタイミングで人生に漠然とした不満を抱いていることを自覚し、すべての会社を売り払ってボストンに移住した。経営は好調だったので、「狂気の沙汰とは言われないまでも、リスクが高いと思われるのはもっともなこと」だった[34]。ルーローは、何がやりたいことなのかもわからないまま過ごしていたボストンで、いくつもの偶然が積み重なった結果、仕立て屋をオープンして発注を取ってしまう。小売りや服飾にそれまで関心がなかった上に、裁縫はもちろんものづくりの経験や技術がなかったにもかかわらず。しかし、彼は初めてスーツを作った二年後にナショナル・ファッション・アワードの受賞者の一人に選ばれた。

ちょっと戸惑わせるほど定石を外れた事例を二つ並べましたが、他人が作った言葉や他人が決めた選択肢にとらわれず、自分の衝動に気づき育てていくプロセスについて考える上で、ダークホース・プロジェクトは確かに参考になりそうです。

偏愛は抽象的に捉えてはいけない

ローズとオーガスは、ダークホース・プロジェクトの成果を踏まえて、自分の"micro-motives"にフォーカスを絞ることが大切だと指摘しています。書籍では「小さなモチベーション」と訳されているのですが、これまでの言葉遣いとの間で混乱をきたさないように、本書では「偏愛」と訳しておきます。偏愛こそが、衝動（深い欲望）へとつながっていくのです。

そもそも、「やる気」「意欲」「競争心」「モチベーション」などといった言葉を聞くと、どうにも抽象的なものを思い浮かべてしまいます。やる気ゲージみたいなものがあって、それが低いと仕事が手につかないし、家事や恋愛も面倒だ、みたいなイメージ。こういう欲望の捉え方は、やる気ゲージが今どれくらいかを問題にしているだけです。これは、刺激の強弱だけに注目している「強い欲望」の発想です。

「身体を動かすことと、美術館行くことが好き」というように、なだらかに好きなものを並べる語りは珍しくありませんが、こういう言葉にも同じ考えが隠れています。性質が違うかもしれない二つの「好き」が並列されていますよね。その人の意欲が向いている対象だけが話題になっていて、それらの好きに質的な違いがないという発想です。しかし「偏愛」の視点は、「好き」の細かなコンテクストの違い、質的な違いに注意を向けます。偏愛は、フラットに並べて語ることができるものではないのです。

ローズとオーガスは、こうした抽象的で一元的な意欲や選好の捉え方を批判し、強さとは違う水準で欲望について考えています。二人が価値を置こうとしているのは、他人に移し替えられないほど「個人的」であり、文脈や対象を変えると成立しないくらい「細分化された」欲望です。そういう個人的で細かい欲望だからこそ、「偏愛」と呼ばれているわけですね。

欲望の「深さ」とは、その実、欲望の「個人性」や「細かさ」のことだと言ってもいいくらいです。偏愛は、「料理が好き」「野球が好き」などといった雑な一般論よりもはるかに細かく特定化されたものへと向かっているのです。

ローズとオーガスが偏愛の例として挙げているのも、〈クローゼットや引き出しの中を整理する〉〈道具を使い分けて木材のあらゆる凹凸がなくなるくらい完全な球へと磨き上げる〉〈様々な野鳥を見分ける〉などといった具体的で特定の好みに根ざしています。欲望や意欲を抽象的なエネルギーとみなすのではなく、特定の偏った仕方でしか発現を許さない「偏愛」として捉えるようにと二人は考えているわけです。

偏愛を解釈した先に衝動が見えてくる

ローズとオーガスが挙げている偏愛の事例を見てみましょう。例えば、生物を見分けて分類するのが好きだと考え、当初は生物学の研究者になろうと考えていた、アルバロ・ジャマリロという人物。

彼は大学院の指導教員から助言を受け、ハキリアリを研究対象にしていたのですが、研究のためのフィールドワークで南米に行った折、実際にはアリよりも鳥に目を奪われていたことに気づくことになります。彼は「同じ生物でもよく移動し、色彩豊かで、見つけにくいものに惹《ひ》かれ」ていたのです。[35]

自分の特殊な好みを読み解くことで、色彩豊かな動く鳥たちを追いかけることに楽しみを感じている自分を自覚したジャマリロは、大学院を辞して野鳥観察をベースにした生活へと移行する決断をします。顧客と鳥について語り合いながら、野鳥を観察するツアーを提供するアルバロズ・アドベンチャーズ社を設立したのです。

ジャマリロは、〈ハキリアリを見るべきなのに、目が野鳥を追いかけてしまう〉という偏愛の経験を適切に解釈していく中で、自分の抱えている衝動を認識しました。色彩豊かな野鳥を実際の生息地で見つけて観察し、それについて語り合うことを楽しみたいという衝動です。特定化された個人的な好み（＝偏愛）を適切に読み解いた結果、生物学者になるという道を諦め、これまで予想もしない、しかし自分に一層フィットしたキャリアを選べるようになったわけです。

以上から、偏愛と衝動のどんな関係が見えてくるでしょうか。[36] これまでの衝動の知見と組み合わせれば、見えにくい衝動と具体的な偏愛はどこかで通底している、ということまでは明言できます。このことを踏まえ、「偏愛は、衝動が具体的な活動の形をとったときの意欲につけられた名前だ」と規定することにしましょう。

そうすると、衝動は、偏愛を丁寧に解釈することで把握できることになります。つまり、特殊で細かな個人的欲望である「偏愛」をほどほどに一般化すれば、自分の「衝動」がどんなものなのかを言い当てることができるわけです。衝動とは、解きほぐされた偏愛にほかなりません。

ただし、衝動が必ず偏愛の形をとれるとは限りません。衝動が抑圧されて、具体的な活動の形へと変換されないままになり、フラストレーションにつながってしまう事態を容易に想像することができるからです。衝動の捉えがたさは、それが直接把握できるものでなく、適切な解釈によってしか捉えられないところ、そして、具体的な形をとらずにモヤモヤした状態のままでいるかもしれないというところにも要因があるのでしょう。

いずれにせよ、衝動と偏愛は次のような関係にあるということを定義的に持っておきましょう。「衝動を知るには、偏愛している具体的な活動を解釈し、適切に一般化された形でパラフレーズすればよい」。

偏愛は細かく詳しく言葉にすべき

自分がどんな衝動を抱えているかを知るための入口は、個人的で細分化された偏愛にあるという話をしてきましたが、一足飛びだったので丁寧に説明を積み上げ直しましょう。衝動は、普通に生活していてごろごろ見かけるようなものではありません。幽霊と同じように捉えどころがなく、気づくことさえ難しい。

偏愛は、具体的な活動を出口として見つけた衝動のことです。しかし、衝動は出口を見つけられないこともあるし、複数の適応先を見つけることもありえます（この点は後述）。「偏愛」という言葉を、個人の具体的な「好き」を指すためにとっておく代わりに、「衝動」という言葉を、色々な適応先を見つける前の潜在的な状態を指すために使うというイメージです。「偏愛が衝動の一表現であり、衝動は一般化された偏愛である」などと言えるのは、両者がこういう関係にあるからです。

偏愛する活動、例えば「野鳥観察」に取り組むとき、その人は一体何を楽しんでいるのでしょうか。野鳥観察において何に享楽を感じているかは、人によって相当違うはずです。例えば、ローズとオーガスの本では、「野鳥観察」という一見すると同じ楽しみを持っているように思える二人の人物――その二人のうちの一人は、先に見たアルバロ・ジャマリロです――が、実際には、全く違うものを楽しんでいるという事例が紹介されています。

テッド・フロイドは、アメリカ野鳥観察協会の機関誌で編集長を務めていたほどの野鳥愛好家です。ただし、鳥の生態を「眼」で楽しんでいたジャマリロと違って、フロイドの楽しみは、「耳」で野鳥を識別し、味わうことにありました。

しかも、鳥のさえずりを聴き分けることに楽しみを感じているといっても、フロイドはちょっとした異能の持ち主でした。彼は、鳥の鳴き声を音波受診装置で記録したときと相似的な波形を、耳で聴いて再現できるそうです[37]。すごすぎますよね。

フロイドの野鳥観察は、動きや色彩を楽しむジャマリロの楽しみ方とはまるで違っています。つまり、同じ野鳥観察の愛好家でも全く異なる「偏愛」を抱いているのです。一見似たものに惹かれていたとしても、実際には根本的に異なる偏愛を生きている可能性がある。だから、単に自分の特殊な好みに気づくだけでは足りません。

何かを言語化するとは「細かく」「詳しく」語ることです。「鳥が好き」「野鳥観察が好き」「鳥を識別するのが好き」といった理解は、まだまだ解像度が低い。もっと細かく、詳しく語らねばなりません。そうでなければ、偏愛の延長に想定される衝動の姿を垣間《かいま》見ることもできません。

SNSと偏愛の相性の悪さ

偏愛や衝動を掘り下げる上で、SNSの使用には注意すべきだという点も注意を促させてください。私たちは普段から自分の好みや行動を不特定多数の人々にシェアしていますが、そこで話題になるのは、基本的に、ちょっとした意外性を持ちつつも、共感可能で理解しやすい事柄です。その中には、安易なラベリング、決めつけ、勝手な判断も含まれています。世間にウケるかどうかで偏愛の語り方を決めていては、偏愛をちゃんと掘り下げることもできません。

もちろん、ネット上で突飛な語りが注目を浴びることはよくありますし、バズったSNS投稿の中には偏愛と言ってよさそうなものもあります。だったら、偏愛をSNSにシェアしたって構わないんじゃないかと思ってしまいそうです。

仮にそうだとしても、偏愛に関する投稿でバズっているのは、面白おかしく書かれていて、いかにも世間ウケする偏愛に限られています。共感を呼ばない偏愛もたくさんあるでしょう。それにもかかわらず、「SNS投稿ありき」で偏愛を掘り下げてしまっては、自分の欲望をタイムラインに合わせて編集することになりかねません。他人に気に入られるように偏愛を解釈する必要はどこにもないはずです。

偏愛のような特定化された欲望は、大抵、不特定多数の他人にシェアして共感を誘える類のものではないでしょう。偏愛が見つかるのは、思わずやってしまったり、そうするつもりでなかったのにいつのまにか習慣になっていたりするような些細《ささい》な日常の行動の中であって、それは、およそバズとも共感とも無関係。だとすれば、原則としてそう考えた方が偏愛の言語化にとってはよいと言えます。

偏愛はあまりに個人的なので、簡単には他人の興味を誘えるものではない。だから、衝動を解きほぐすには、他の人に共有しづらく、バズらないところに注目することが避けられない。それなのに、ＳＮＳは逆方向へ私たちを導こうとしているのです。

自分が何を楽しんでいるかを解釈する必要性

偏愛を掘り下げる上で大切なのは、「小説が好き」「洋楽が好き」「料理が好き」「走るのが好き」くらいのよく使う雑な一般論を避けながら、もっと解像度高く偏愛の性質を理解することです。

具体的には、偏愛している活動に携わっているとき、実際のところ、自分は何を楽しんでいるのかを言語化する必要があります。森の中でちらちらと見える鳥の羽ばたきから鳥の種類や様子を察し、生態について理解を深めることと、鳥の鳴き声によって鳥の置かれている状況や発声の意図を知ることが全く違う活動であるように、低い解像度での偏愛理解は、誤解につながるからです。

そうしたことに気をつけながら、何とか首尾よく偏愛を細かく詳しく語ることができたら、その先には「解釈」という作業が待っています。「解釈」は、言語化した内容をほどほどに一般化し、衝動を言い当てることを指します。

偏愛の解釈について、私の子ども時代を例に説明してみましょう。コカコーラのおまけでついてきたゲーム「ファイナルファンタジーⅨ」のフィギュアや、他のコンテンツのグッズ、そして、城のレゴブロックを使って、自分の中だけのストーリーを作り出すことに、かつての私は夢中になっていました。これが、私の抱えていた偏愛の一つです。

この遊びにおいて、あるキャラクターが許容しそうな行動かどうかという制約は意識していますが、元のストーリーや世界観は重要ではありませんでした。私が惹かれていたのは、キャラクターとその組み合わせが提案してくる複数の行動可能性と、その都度用意したストーリーの初期設定を即興的に掛け合わせながら、整合的な時間の流れを作って何らかの終点へと向かおうと努めることです。[38]

要するに、〈異なる分野の題材を組み合わせて、破綻しない形で予期せぬ結末を作ろうとするストーリーテリング〉への衝動を、私は持っていました。ストーリーテリングによって、思いもしない途中経過やエンディングを経験することができることの楽しさに夢中になっていたわけです。ここまで抽象化すればわかると思うのですが、これは現在の私が執筆や研究を通して得ている楽しさと本質的には同じものです。

もちろん、研究と物語には無視できない違いもありますが、「ある状態から破綻なく一定の方向へと議論を着実に進めていき、何らかのオチへと落とし込む」という点では違いがありません。しかも、自分でもわからないから知りたくて研究・執筆しているわけで、書くことには「予期せぬ」内容が含まれています。私はキャリアのどこかのタイミングで、この衝動を、元々の「二次創作的なストーリー作り」の形で維持することを止め、研究という別の文脈に移し替えたのでしょう。

ともあれ、ここで確認しておきたいのは、それほど重要な衝動が、おまけグッズとレゴブロックによる物語遊びへの偏愛の中に隠れており、しかもこのことは、「ファイナルファンタジーが好き」「レゴブロックが好き」「ごっこ遊びが好き」「一人遊びが好き」などという雑な一般論からは見えてこないという事実です。逆に言えば、衝動は、偏愛について十分言語化した上で、それをあれこれ解釈することではじめて見えてくるのです。

衝動は唯一の生き方を定めるわけではない

これまでの議論から読み取れることがあります。衝動は、たった一つの偏愛をもたらすと考えるべきではないということです。一つの衝動が色々な姿をとる可能性がある。物語を作ることもできれば、論文を書くこともできるというように、自分を突き動かす衝動が尊重される状況設定さえあれば、私たちは様々な環境で衝動の力を解放することができるわけですね。

このことを、ローズとオーガスはハヤブサにぴったりの生息地が多様であることに喩えています。彼らによると、ハヤブサは「カリフォルニアの海辺の崖、中央アジアのヒンドゥークシュ山脈、オーストラリアのサザン・テーブルランド」、そして「高層ビルが立ち並ぶマンハッタン島などに生息しています。[39]ハヤブサが大都会ニューヨークを好んで暮らすのは意外な話に聞こえますが、マンハッタンは、無数の獲物がいるだけでなく目立った天敵もいないため生息地としてぴったりだそうです。

ハヤブサにとってのマンハッタンのような場所を、それぞれの衝動に従って見つけられないでしょうか。自分に合った意外な場所に気づくことができれば、もっと驚きと充実感に満ちた生活が送れるはずです。しかし、一人一人の偏愛を細かく観察し、解釈することでしか、自分のマンハッタン探しはできません。

自分の特性を踏まえた行動をとろうとすると、その行動は自然にたった一つに定まるという考えは単純すぎます。ハヤブサが海辺の崖や山脈に住まうことも、大都市に住まうこともできるように、衝動は、複数の適応先を潜在的に持っているものです。それに気づくことができるかはさておき。そして、そういう複数の選択肢や、また別の可能性に気づけるように、偏愛をそのままにせず、いくらか抽象化する（＝解釈する）ことが大切だと論じてきたのです。

要するに、ある衝動は、求めている楽しさが損なわれない限りで意外なほど多様な仕方で横展開することが可能です。「二次創作的な物語制作」を偏愛しているからといって、物語制作者になる必要はないように、ちゃんと偏愛を解釈することができれば、自分がフィットする場所を色々なジャンルや対象に見つけることができる。

最後に言うまでもないことを少々。ダークホース・プロジェクトは、基本的に偏愛を職業にした人を取り上げています。しかし、衝動や偏愛について、職業をベースに考える理由は特にありません。「やりたいこと」と聞いて、すぐに仕事をイメージするのは現代人の悪癖と言うべきでしょう。

YouTubeのテレビＣＭ（２０１４）で採用されたタグライン「好きなことで、生きていく」ではないですが、自分の「好き」を素直に仕事にするべきだという考えは私たちに強固なものとして存在しています。就活にいそしむ学生たちは「やりたいこと」「自己理解」「適職」「自分に向いているかどうか」について、調子を崩すほど悩んでいるくらいです。

しかし、「好き」は生活の一部であれば十分でしょう。空揚げ配り、延々と歩くこと、天体観測、他愛ない魔法の収集、鳥の羽ばたきを眺めること、ストーリー構成への情熱のことを思い出してください。これらの偏愛は、必ずしも職業的な着地を必要としていませんでした。趣味やプライベート、あるいはその他のやり方で、偏愛を行動に結びつけたって構わないはずです。

衝動についてこれまでわかったこと

これまでわかったことを整理しておきましょう。哲学者のトリスタン・ガルシア[40]が、強さや激しさを追い求めるのが近代的思考の特徴だと指摘したように、私たちは、欲望の「深さ」ではなく、欲望に伴う感情の「強さ」にばかり目を奪われています。

欲望を抽象化して質のことを考えないからこそ、「強さ」に人々の目は集中します。欲望に伴う感情的な刺激の強弱だけを問題にしている。こうした「普遍的で漠然とした動機」の考え方は、「競争心」や「創造性の追求」のような言葉と結びついて、世間的にありがたがられています。こうした一元的な欲望の捉え方を洗練させるために、「モチベーション」という言葉遣いが発達してきました。

しかし、こうした「強い欲望」系列の見方では衝動に迫ることはできません。そこで注目したのが、欲望の「深さ」です。「深い欲望」は、感情的な刺激を伴わない地味な欲求であり、他人指向型ではなくものすごく個人的な欲求であり、従って表立って見えづらい欲求であるという性質を持っています。要するに、強さの軸で語られるモチベーションが公共的で抽象的であるのに対して、深さの軸で語られる衝動は、個人的で細かく特定化されています。

本書では、個人的で特定化された具体的な欲望のことを「偏愛」と呼んでいます。往々にして人生の「正しい」レールを外れて楽しく暮らしている人が身に着けているように思われる、「きめ細かく特定された、自分自身の（いわば偏った）好みや興味」のことです[41]。偏愛は他人と共有できないかもしれないし、合理性もないかもしれない。

こうした偏愛の延長に衝動はあります。偏愛は、衝動が具体的な行動としての出口を見つけたときに用いられる言葉です。だからこそ、偏愛をほどほどに一般化すれば、衝動を言い当てることができます。衝動は、解きほぐされた偏愛のことです。

これが、本章の冒頭で掲げた「衝動とは結局何ものなのか」という問いへの答えです。衝動について知りたければ、欲望の強さに惑わされず、自分の細分化された個人的な欲望、つまり偏愛について掘り下げ、それを抽象度を上げてパラフレーズしていけばいい。

野鳥観察が楽しいからといって、野鳥観察の雑誌出版社や関連協会に勤めることが自分にとっての正解だと言えるでしょうか。山岳ガイドになったり、鳥類学者になったりすることがベストでしょうか。どれがその人にとって一番いいのかということは、誰にも断言できません。もしかすると、趣味として楽しむ以外には野鳥業界には居場所がないことがわかるかもしれないし、これらすべてに適性があるとわかるかもしれない。野鳥観察への異常な情熱があったとしても、それだけでどうこう言えない。

自分がフィットする場所はそう簡単に見つからないはずです。神のような視点に立って[42]、自分の衝動がどこに向かおうとしているのかを足早に断定することは誰にもできません。上司や教師にも、家族にも、自分自身にもできないことです。結局のところ私たちは、時間をかけて色々やってみながら、「これかも」「いや、こっちかな」という地道な試行錯誤を通して、自分の衝動がどんなものなのかを調べ、観察してみなければならないのです。

コラム　言語化のサンクコスト

偏愛を掘り下げるときには、目の前の対象を細かく詳しく語る必要があることに注意する必要があるという点に関連して、「言語化のサンクコスト」という考えについて説明させてください。コストは、時間やエネルギー、資産などを指しています。サンクは費やしてしまった状態のこと。サンクコスト（埋没費用）とは、過去に費やしたコストのうち、今となっては回収できないものを指します。

サンクコストが大きいと、費やしてしまったものが大きいため、「もったいない」「今更引き下がれない」といった感情に絡めとられて、適切なタイミングで損切りし、撤退や中止を決断しづらくなります。「埋没したコストに引っ張られずに引き返す判断も必要になりうるよ」という話をするときに、サンクコストという表現がしばしば登場するのです。

ここで取り上げたいのは、「言語化」におけるサンクコストです。偏愛を解釈しながら掘り下げ、衝動を捉えようとするときに、それを（絵や図を含む広義の）「言葉」に表現することは避けられません。ここで注意したいのは、ざっくりした一般論で満足してしまうと、かえって適切な解釈にとって妨げになることです。単に雑な理解で観察力が鈍るというだけの話ではなく、多くの人は自力で頑張って言語化すると、言語化に費したコストに囚われてしまって、その言葉を手放せなくなりがちなのです。

大学教育の現場はもちろん、企業研修などで講座を担当していても、自分で頑張って作り上げた表現や言い回し、感想の持ち方に妙に囚われてしまっている、「言葉でっかち」な人を見かけることは珍しくありません。時間や労力をかけて言語化すると、「今さらその言葉遣いを変えたり、多様な表現を模索したりするようなアプローチはできない」と思ってしまう。

自分でも納得できるような言葉を持つことは確かに大事です。しかしその言葉が、自分だけ納得している、実際には説得力がない、問題のある言い回しだとすれば、それを後生大事にする理由は、自分の思い入れ以外にありません。実際、大抵の人が自力の言語化で辿り着くのは「それっぽい説明」である場合がほとんどですが、サンクコストに目を奪われて、その言葉が手放せなくなってしまうのです。

そうして「言葉でっかち」は量産されます（私の経験則ですが、「言葉にすると失われるものがある」と声高に言う人ほど「言葉でっかち」です）。自分を納得させる「それっぽい説明」の言い回しにしがみついても、個人的で特定化された細かな欲望には迫ることができません。そもそも個人の細かな関心を掘り下げる言語化は、一回で完結するものではなく、何度も繰り返されて試行錯誤されるものだからです。言葉は、握り込むのではなく、何かあれば取り落とすくらい軽く持つこと。それが言語化に取り組むときのコツです。

第三章　どうすれば衝動が見つかるのか

偏愛から衝動へ降りていく方法

第二章では、衝動を探し当てる上で、欲望の「強さ」（欲望がまとう感情の強烈さ）ではなく、「深さ」（個人性）に注目しようという話をしました。「深さ」といっても意味深長で奥行きを感じるものということではなく、表面からは簡単に知覚できないほど見えづらく、あまりに細かく特定化された個人的な欲望だということです。

深い欲望について考える上で参照したのが、「ダークホース・プロジェクト」と呼ばれるキャリアに関する心理学的研究であり、そこで得たのが、「偏愛（micro-motives）」というキーワードでした。

偏愛は個人的で細かなものなので、「モチベーション」や「やる気」のような抽象的で一元的な言葉で把握しようとすると見えなくなります。偏愛は、誰かと共有したり、ほかの欲望と比較したりできるような公共性や合理性を持っていません。しかも、英語では複数形表記をしたことからもわかる通り、偏愛は各人につきたった一つだけ割り当てられているということもありません。人は複数の偏愛を持っていると考えるのが自然だし、それらは可変的なものです。

個人的でものすごく偏った好みである偏愛に、衝動を見つけるとっかかりがあります。偏愛を適切に言語化する――細かく詳しく語る――こと、そして、言語化された偏愛をほどほどに一般化すること。そうして偏愛を解きほぐすことで、自分の衝動が進む方向性を「これ」と言い当てられるわけです。

十分たくさんのことが衝動についてわかった気がしますね。でも、第二章の説明は、衝動という概念の性質や挙動の話であって、偏愛の解釈方法についての具体的なテクニックを教えてくれるものではありませんでした。もちろん前章でも「雑な一般論は止めよう」「言語化のサンクコストに気を付けよう」などといった指針は提示されていますが、これだって大まかな指針にすぎず、ノウハウと言うには雑駁《ざっぱく》で具体性に欠けます。

それゆえ、本章で掲げるべきは、**【どうすれば衝動が見つかるのか】**という手順に関わる問いであるはずです。以降でこの問いに取り組んでいきましょう。

セルフインタビューで偏愛の解像度を上げる

偏愛を解釈すれば衝動を見つけられるとはいっても、フェリーで海面を眺めているときのようにボーッとしていればいいわけではありません。第二章をよく読み直すと、「実際のところ、自分が何を楽しんでいるのか」を意識して、偏愛を解釈するのだとの指摘があります。例えば二次創作的なストーリーテリングに対する私の偏愛は、キャラクターを活用した物語作りをしているとき、実際には何に夢中になっているかを説明し直したものです。

ローズとオーガスも、「偏愛を解釈するには、自分の好き嫌いを色々な角度から吟味しよう」という趣旨のことを言っています。自分が何を特に楽しみ、何を特に避けたいと思っているかを詳《つまび》らかにすることができれば、自分の衝動に肉薄できる。そのためにできるのは、色々な質問を自分に投げかけることです。「色々な角度から吟味する」とは、そのときの質問の多さを指しています。

仮にあなたが学生で、数学の時間に退屈を感じているとしましょう。その感覚に色々な角度から光を当てれば、自分がどのように偏っているのかについての解像度を上げることができるかもしれません。ここで大事なのは、やはり「それっぽい説明」に留めないことです。「数学が退屈だ」「授業は嫌だ」といったざっくりした言葉で満足せずに、その感覚の奥にあるものを探索すること。その見つけ出し方を、ローズとオーガスは「判断ゲーム」と呼んでいます。

謎用語で呼ばれると戸惑うかもしれませんが、難しいことではありません。判断ゲームとは、雑誌やドキュメンタリーで見かけるようなインタビュアーになりきって、ロングインタビューをするかのように自分自身に話を聞くことです。とはいえ、「判断ゲーム」という文字列を見て、この内容を思い出すのは大変だと思うので、本書ではこのことを「セルフインタビュー」と名づけ直しておきます。

セルフインタビューで大事なのは、スルーせずにこだわり続けることです。自分が何かの価値判断を行ったタイミングがあれば、それを逃さずに捕まえ、具体的な問いを無数に投げかけること。飽きるほど時間をかけ、もう十分だと思う以上にたくさん質問をしてください。

数学の授業に退屈している人を例にした質問案を一瞥《いちべつ》しておきましょう。

「先生のダラダラとした話し言葉を聴いていると、苦痛に感じる?――本に書かれた言葉を読む方がいい?」「他の学生が近くに居すぎて、気持ちが落ち着かない?――別の物理的な空間が必要?」「長いこと黙っているのが苦しい?――他の人たちと意見を交わしたくてたまらなくなる?」「事実とか方程式より、物語を聞きたい?」[43]

自分が価値判断をした具体的な状況(=数学の授業)から離れないように、そして、自分の感覚(=退屈)の原因を安易に決めつけず、多角的な質問がなされています。これらの質問は、自分という人間の性質や成り立ちを調査し、吟味していくための問いになっているわけです。

考えや思いを控えないように、自分を丁重に扱う

学校では調べ学習や夏休みの課題で「話を聞いてこい」とインタビューをさせられ、会社ではユーザーインタビューをして……と、何かと話を聞くことを経験している人もいるかもしれません。しかし、読者の大半は、「インタビュー」という改まった形に苦手意識を持っている——とまでは言えずとも、強いて得意だとは思っていないでしょう。そういう人は、たとえ自分相手だとしても、どうすればうまく話を聞き出せるのだろうかと心配になるかもしれません。

『ベルリンうわの空』という作品で知られるようになった、漫画家の香山哲さんが参考にな

ることを書いています。新しい漫画連載の準備プロセス自体を漫画化した『香山哲のプロジェクト発酵記』の中で、自分から話を聞き出すためのテクニックを語っているのです。新しい漫画連載を何のために始めるのかという方向性を明らかにするべく、香山さんは次のような質問を自分に投げかけています。

「あと何年ぐらい制作して、どんなものを作りたいですか？」「1日をどんなふうに過ごしたいですか？　色んな日があると思うので5パターンくらい教えてください」「理想の制作が完成した時の気持ちをイメージして、色んな言葉で表現してみてください」「もし1000万円と3年間が自由に使えたら、何を作りたいですか？」「日頃どんな人とどんな風に交流していたいですか[44]？」

こうした色々な角度からの質問は、質問案として参考になるかもしれません。

そうはいっても、普段から考えたり思ったりすることを控えていると、うまく声が出てこないかもしれません。というのも、私たちは普段、「こうあるべき」「こうするもんでしょ」という世間的な発想や標準化されたシステムに想像力を乗っ取られていて、自分の欲望や考えを口に出すことを控えているところがあるからです。自分でそういう鎧《よろい》を着ていると自覚していない場合も多いため、この抑制や控えを停止することは思いのほか困難です。

香山さんは、「粗末な感じで自分を扱うと、どんどん自分を抑制してしま」い、その結果、「考えをひかえ」、「思うのをひかえ」てしまうことになると指摘しています。ローズとオーガスも同様の発言をしていることからも、自分の偏愛とその意味を知る上で、自分を粗末に扱わない（＝自分を丁重に扱う）ことは確かに大切そうです。[45] では、どうすれば自分を粗末に扱わずにいられるのでしょうか。

自分を粗末に扱わないためのいくつかのテクニック

やはり香山さんがいい助言をくれます。自己認識を深めるインタビューする際に大切なのは、「大事な人に対するように、敬意をもってインタビューする」、しかも「変に『ヨイショ』しておだてたりするのではなく、まっとうに1人の人間として丁重に接する」こと。自己陶酔につながりかねない安易な賛美の姿勢ではなく、「いろんな質問をたくさんして、じっくりゆっくり聞いてあげる」姿勢を持つのがポイントです。

その対策法として、かなり具体的な提案がなされています。安心できる環境をインタビューの場として選んだり、好きなお菓子やジュースを用意したり、追加で時間が必要なら別日もあると宣言したりするといったことです。香山さん自身は、「好きな店でご飯を食べながら」「色んな植物を見ながら」「5日休んでから再考したり」するインタビューがよいのではないかと提案しています。

もちろん、香山さんと同じことをする必要はありません。どうすれば「自分を丁重に扱う」ことになるのかは、人によって違うはずですよね。お気に入りの料理をテイクアウトして、確認のためにインタビューの様子を撮影しながら思いついたことを話すのがいい人もいれば、植物園に通いながら、一カ月かけて少しずつ問いを消化していく方がいい人もいるでしょう。関係する主題の映画をみて、その感想を聞き出した上で、その言葉を深掘りすることで、結果的に自分の姿をあぶり出そうと考える人もいるかもしれません。それぞれの感覚に合わせて、しっくりくるアプローチを探ればいいと思います。いずれにせよ、人の目を気にしなくて済むセッティングがよいとは思いますが。

私の場合は、ファミレスやファストフード店のような飾らない場所を確保して、コーヒーを飲みながらまっさらなノートに書き込む、あるいは、いつも使っている机とその周辺をまっさらに片づけて雰囲気を変えた上で、オフライン状態のパソコンのテキストファイルに書き込むなどの手法がちょうどいい気がしています。私にとっては、「日常を踏み越えず、あまり豪華にしない」というのが、自分を粗末に扱わないために必要なようです。

違和感や不快感から捜査をはじめる

かなり具体的なテクニックの話をしたので、かえってわかりにくかったかもしれません。香山哲さんのセルフインタビューのやり方は、自分を粗末に扱わないという方針を立てていました。「理想の制作が完成した時の気持ちをイメージして、色んな言葉で表現してみてください」などの個別の質問や、「色んな植物を見ながら」話を聞くなどの状況設定は、この方針を実現するための手法です。

こうしたテクニックを用いるとき、私たちは自分を心地いい状態に置こうと努めていると言えるでしょう。「自分を粗末に扱わない」とは、しっくりくる状態を作ることなので、このことを「心地よさを作る」ことと言い換えても確かによさそうです。

建築家の光嶋裕介さんによる『ここちよさの建築』という本は、居心地や気分について考えるヒントになります。この本は、自分の家や部屋という身近な存在を見つめ直し、自分の心地よさへの感度を再起動させることを企図したものです。

一人一人何を心地いいと感じるかが違っているだけでなく、何を好ましいと思うかどうかがはっきりわからない場合も多い。「だったら何もわからないのか」と思いそうになりますが、手がかりがないわけではないと光嶋さんは指摘しています。心地よさと比べて、違和感や不快感の方はよくわかるので、こちらに注目して調査を進めれば、自分の欲望を見つけられるかもしれないというのです。[46]

準備や調査もなしにいきなり自分の心地よさを言い当てることは、誰にもできません。どうすれば、自分を飾り立てても、粗末に扱いもせずに心穏やかにいられるのかを言い当てるのは、ミステリにおける犯人当てのようなものです。往々にしてミステリの犯人は自分の姿をうまく隠すものなので、どんな名探偵も、事件発生直後に犯人をいきなり言い当てることはできません。だから、いきなりこれと見つけようとするのではなく、目立ったところから捜査を始める必要があるのです。そのヒントが、不快感や違和感です。

光嶋さんは、探偵としての立ち回りの第一歩を違和感や不快感から始めるべきだと提案しています。

ここちよさとは、その違和感や不快感を取り除こうとしたその先にそれぞれが見つけるものだと思っています。[47]

セルフインタビューするときには「自分を丁重に扱う」あるいは「自分を粗末に扱わない」ことが大切だと言われてもピンとこなかった人は、ダイレクトに心地よさを目指そうとするのではなく、気持ち悪さや居心地の悪さなどの不快な要因を避けていくところから取り組むのがよさそうです。

「物語」でなく「細部」に注目する

衝動のあり方を探る上で、セルフインタビューが役に立つという話でした。では、セルフインタビューをし終えた後に、得られた一連の言葉とどう向き合えばいいのでしょうか。二次創作的な物語を語るのが好きだからといって、私が（今のところ）物語作家になっていないように、明らかに目を惹《ひ》くような直接的メッセージを安易に読み取らないことが大切です。早とちりしないように、安易にわかったつもりにならないようにすることです。

しかし、「わかった気にならずにいる」という言葉は、それこそわかった気になりやすい言葉なので注意が必要です。表象文化論研究で著名な蓮實《はすみ》重彦《しげひこ》さんは、１９９９年に書かれた文章で、まさにこの「安易な理解」について警鐘を鳴らしています。この言葉は、今なお味わうに値するものだと思いますし、セルフインタビューをするときにも胸に抱いておくに値するものです。

人々は、「何かを理解したかのような気分」に浸り、「そうすることで、ある種の安堵感を得るだけでなく、そういう気持ちになることを「何かを理解することとほとんど同義語」として扱っている。[48] 理解したかのような気分を持つとき、その対象を詳細に分析したり記述したりすることは求められていない。現代では、そういう危うい風潮が力を持ってしまっていると蓮實さんは考えました。

彼は、映画研究でも類似の論点を掘り下げています。彼によると、多くの人は映画を観てプロットを知れば「何かを理解したかのような気分」になるが、そういうときこそ作品のことを理解し損なってしまっている。そのことを説明するにあたり、「細部」という言葉を使っています。

映画に物語は不可欠ですが、物語だけを表現してみせるのであれば、それは本当に見世物になってしまいます。ですから、それ以外のところに映画の面白さというものがあることも間違いない事実です。その面白さの一つは、「細部が見せる一種の色気」というべきものだと思います。色気といってしまうとふとセクシャルなものを感じさせますが、そうではなく、存在しているものの影が、描かれているもの以上の何かを見ているものに語り掛けてくるということが重要なのです。[49]

この引用文も、一読して「理解したかのような気分」にならないよう、意味を丁寧に解いておきましょう。

「物語」、つまり内容紹介やあらすじが映画のすべてだとします。そうすると、一度観てプロットを覚えてしまえばそれで片が付くし、人から概略を聞いてしまっても、映画を実際に観るのと同じことになってしまう。しかし、これは明らかに妙な考えです。

だとすれば、「映画の面白さは『物語』にだけあるわけではない」と考えるのが自然でしょう。ストーリー説明には直接関係のない無数の事柄、つまり「細部」が持つ独特の質感にも、映画の魅力がある。いや、それこそが映画の魅力だと言うべきではないか。蓮實さんが言っているのは、こういうことです。

この見解は、セルフインタビューによって得たデータに対しても当てはまります。インタビューの記録をしばらく見返していれば、「大筋としてこういうことだ」という内容はわかるでしょう。しかし、「理解したかのような気分」になったときほど注意が必要です。そういう理解の仕方では説明しきれない細部、どうでもいいように思える箇所などに重要な何かが隠されているかもしれないからです。そこには、直接的に「描かれているもの以上の何か」をこちらに「語り掛けてくる」ものがあるはずですし、ないならもっと細かく詳しくインタビューをして、データを増やすべきかもしれません。

この見方は、色気ある細部を逃さず捉える「観察力」こそが大事だと教えてくれる点でとても重要です。そう言い換えてピンとくるなら、「感性」とか「感受性」と言い換えても構いません。[50]「それっぽい説明」が与えてくれる納得感で思考をストップせずに、ちょっとした引っかかりに注目する感性のことです。

黒澤明「生きる」の記憶を再解釈する①

かつてセカンドキャリアを考えている人や実践している人向けに、経験を振り返る特殊なワークショップを開いたことがあります。参加者になぜかわからないけど頭に残っている記憶や経験を三つほど事前に文章にしてもらいました。そして、手番が来た人がインタビューされる役になり、残りの参加者がそのエピソードについて多角的な質問や感想を投げかける——質問が尽きたと思っても、時間になるまで粘り強く問いを投げかけ続ける——というものです。

「もし部活でサッカーじゃなく野球だったらどうなっていたと思いますか?」「そのとき見たのが将棋のプロ棋士じゃなくてカリスマ的な政治家なら?」などのありえた可能性について、エピソードに関連させながら聞く質問や、「それって嫌な感じでしたか?」「うまくイメージができないのですが、似た感覚になった経験を挙げることはできますか? 仮想の例でもいいので」などと体験の質感を聞く質問もありました。

各人の体験を解釈する上で有効なのは、意外にもストレートで核心をついていそうな質問ではありません。もちろん、単純で直接的な質問も必要で、特に解釈のための地ならしとして欠かせません。しかし、直接的な疑問は、より深い掘り下げをするときのターニングポイントにはならない場合が大半です。

効果的なのは、回りくどい質問や、些細《ささい》な部分についての質問や感想です。そういう細部を掘り下げる言葉こそ、なんとなく覚えている記憶に、当人が予想もしない角度から光を当ててくれます。解釈を進める上で、細部に注目し、たくさん質問を投げかけることの大切さを示す例として、このワークショップでの出来事を紹介させてください。

参加者の中村さんは、大学時代に誕生日の頃、友人と一緒に映画館でみた黒澤明の映画「生きる」のワンシーンを挙げてくれました。このエピソードを例にして、細部を理解することの重要性を感じてみたいと思います。

映画「生きる」における「物語」の大部分は、30年間、機械的に働いていたような人物が急な余命宣告を受けて、よく生きるために奮起するというものです。ただ、そういうメインストーリー（＝「物語」）以上に、中村さんが印象深く覚えていたのは、主人公が階段を下るときに、彼と入れ替わりに階段を上ってきた友人のために、仲間の学生たちがハッピーバースデーの歌を歌っているシーンです。

一緒に映画に行った友人との関係性、当時の時代の雰囲気などについての質問は、エピソードの輪郭を浮き彫りにするのに役立ちました。しかし、中村さんの表情が変わったのは、「誕生日祝いとして映画館に友だちと行ったこと」を中村さんに思い出させる質問があったときです。誕生日の時期に観たこともあって、ある意味で自分に歌われたハッピーバースデーの歌でもある（から印象に残ったのかもしれない）ことに、そこで初めて気づいたそうです。

主人公は死によって世界から退場しつつある。その中で笑顔に満ちた祝福の歌が相当な数の同級生たちによって若者に与えられる。主人公は階段を下りていて、誕生日の主役は階段を上っている。一見、この二人を対比するようなシーンのように思えますが、ちょうどこのタイミングで主人公は生き方を変え、いわば生まれ直していることを踏まえると、これは主人公のリバース（再生）を祝福する歌でもあることがわかります。

黒澤明「生きる」の記憶を再解釈する②

興味深いことに、この内容を中村さんの語りと重ねると、複雑な時間の交わりがあることがわかります。当時大学生だった中村さんはどちらかというと、階段を上っていき、同級生たちに祝われる学生に近い立場にいます。誕生祝という点ではもちろん、年齢的にも近しい境遇でした。それにもかかわらず、自分の属性からは遠い主人公の目線で物語を感じ、彼に共感していたでしょう。

それに対して、このエピソードを思い出していたワークショップ当時、中村さんは一定の年数労働を経験している点で、年齢的には主人公の側に近い位置にいると言えます。しかし、「当時の自分に歌われたバースデーソングだった」と気づいたとき、むしろ心は階段を上る学生の方に向いていたと言えるでしょう。

図式的にいうなら、自分の年齢と共感対象の年齢が互い違いになっていて、それが時間を経て交錯するという構図になっています。しかもなかなか情趣を誘うのは、ずっと記憶に留まっていた思い出深いエピソードが中村さんの中で生まれ直したその瞬間に、劇中のバースデーソングが「自分へのバースデーソング」としてはじめて耳に届いたことです。

映画の筋書きとしては、生まれ直して奮起した主人公が成し遂げたことや周囲に与えた感銘は、時の変化とともに忘れられるという内容です。日常はそれほどドラマティックに変化しない。変化したかのような気分になっても、実際には何も変わらない。ある映画を観て涙を流し心に誓うものがあるほど高揚し、まるで世界が変わった気になっても、数週間経てば忘れていつも通りに戻ってしまうのと同じです。黒澤明監督が観客に対して、「お前たちにとっての映画もそんなところだろう」と突き付けているのだと思います。

仮に大半の人にとってそうだとしても、中村さんの記憶から「生きる」は消えてなくなりませんでした。ずっと頭の片隅に、映画のこのシーンが印象深く残っていました。しかも単に残っていただけでなく、綿密なインタビューや解釈作業を経て、中村さんの心の中では、その映像が生まれ直しさえしたのです。

もはや「偏愛」から離れてしまいましたが、語りの「細部」というのは、これくらい解釈のしがいがあるわけです。全体の流れとは直接的な関係を持たず、要約からこぼれ落ちるような部分（＝細部）を拾い上げて、その意味を読み取るべく色々な角度から質問を投げかける。そうすると、物語全体の意味合いや語り方まで、ガラッと変わってしまうのです。

感性を再起動する二つの方法

偏愛を適切に解釈することで、衝動を把握することができるのだとして、具体的にどんな手法を使えば適切な解釈を進めることができるのかというのが本章の問いでした。違和感や不快感を手がかりに、自分を粗末に扱わないで済むような居心地のいい状況設定を模索して作り、思いや考えを控えないように条件を整えた上で、色々な質問を投げかけ、言葉にしていくこと。そしてその上で、その言葉を全体的な流れ（物語）はもちろん、全体的な流れから落ちてしまう部分（＝細部）にも十分注目しながら、ああでもないこうでもないと意味を読み取ろうとすること。これまで述べてきたのは大体こんな内容です。

ただ、それでもやはり、自分の心の声をまともに聞くことができなかったり、うまく居心地のよさを作れなかったり、セルフインタビューの内容をうまく解釈できなかったりすることもありうるはずです。いつでもどこでも複数のスクリーンやモニター、ＶＲゴーグルを通して、あまりに途切れなく激しい刺激が入ってくるし、大袈裟《おおげさ》な言葉や音が聴こえてくるので、私たちの感性や観察力が、ちょっと鈍感になっている可能性があるからです。[51] このように、自分の感じ方や思いに繊細な配慮や関心を向けようとする敏感さや器用さを持つことが難しいことはありうるでしょう。

そういうときに参考になると思われる議論が二つあります。一つは、批評家の宇野常寛さんの話、もう一つが哲学者の鶴見俊輔さんの話です。順に見ていきますが、まずは宇野さんから。

欲望の発見術としての欠乏――宇野常寛さんの方法

宇野さんとは、「スマホの向こう側ではなく、目の前のものに誘われる」という対談を京都の梨木神社で収録したことがあります。[52] この対談で、宇野さんは「欠乏」という論点から欲望の見つけ方を論じていました。

欠乏に関する宇野さんの説明は、高校時代のエピソードと結びついています。

高校生の頃、寮生活をしていたので食べたいものが全然食べられなかった。三食すべて食堂で業者の作ったご飯を食べるしか選択肢がなくて、それがもうこの世のものとは思えないくらいまずかった。出てくるおかずが四品あったとしたら、かろうじて人間が口に入れて気分を害さないものが一品あるくらい。たぶん決められた予算の中で必要な栄養を摂れるように工夫した結果なのでしょうが、その結果として、完全に味が度外視されていたんですよ。だから、クリスマス会でモスバーガーとハーゲンダッツが出たときは、あまりの美味しさに涙が出ました（笑）。こうした思春期の欠乏の記憶があるからこそ、食べる快楽を最大化したい欲求があるんだと思う。

バリエーションがなく単調で、探索的に捉える余地のない粗悪な刺激に囲まれている状態（＝欠乏）を経験しているからこそ、味わうに値するものが出てきたときに、それをじっくり楽しもうとする感性が育まれる。

欲望の発見術としての欠乏。刺激に満ち溢《あふ》れ、満足した気にはなれる時代において、何に楽しみを見つけるか、どこに自分の欲が向いているのかを知るにあたって、かなりシンプルなアドバイスになると思います。自分の欲望が見えないなら、何かを渇望する状態を一度経由してみればいい。

単純ながら実践しやすい指針ですね。質の高いものだけに接するのではなく、粗悪で単調なものにも触れることで、自分の価値判断や感覚が明確になることもあるでしょう。

「それっぽい言葉」は支えにならない――鶴見俊輔さんの方法①

もう一つは、鶴見俊輔さんのニヒリズム論です。[53] ちょっと過激なのですが、感じたり思ったりすることを控えた結果、他人から借りてきた「それらしい感想」や「それっぽい一般論」に乗っ取られて、自分から何かを立ち上げることがうまくいかない人にとっては参考になる指針を与えてくれます。

彼の話をするには、前置き――彼が批判したもの――から説明する必要があります。人から借りてきた言葉や理論、それっぽい一般論では、自分の生き方を支えられないというのが鶴見さんの基本姿勢です。この姿勢は非常に徹底したものです。彼自身が出した例ではありませんが、「環境のことを考えよう」「他人に優しく」「多様性は大切にすべきだ」といった言葉を、彼なら批判したはずです。[54]

「環境」「他人」「多様性」は、大抵の人にとって、これまでの経験と具体的に照応して使われる言葉でもなければ、過去の経験から生まれてきた概念でもないため、抽象物にすぎず、自分の生活とまともに接点を持っているとは言えません。それと同様に、「考えよう」「優しく」「大切にすべき」といった言葉も、曖昧なまま宙に浮いています。

こういうそれっぽい抽象語は、自分の行動や認識に何の影響もしません。口にする度、自分のことを善良だと感じることはできるかもしれませんが、その理念は有名無実になっていて、現実に何の効力も持っていないことになります。自分なりのエピソードが後ろに控えていない語りは、どこか疑わしいということですね。もちろん、こうした理念に価値がないわけではありません。こうした言葉が自分の想像力や体験の中で具体的な位置を占めていなければならないということです。

そういう状態を避けるために、「自分」にこだわり、「自分」の中に根拠地を持つことを彼は勧めます。

> ……抽象物だけでは人間が生きるバネにならない〔……〕。自分が生きていくための、自分特有のバネが必要で、そのバネを探していくことが、「私」にこだわるということでしょう。[55]

「バネ」は、別の箇所で「欲動」や「好み」と言い換えられており、いかにも私たちの関心とも重なっていそうですが、実際これは「偏愛」に相当しているものと理解できます。

鶴見さんの「自己」への強い関心は、古代ギリシアの哲学者であるヘラクレイトスの謎めいた言葉――「私は自分自身を探究した」――を思い出させます。[56] しかし、「私」にこだわることで「生きるバネ」が見えてくるとは具体的にどういうことなのでしょうか。安易に納得せず、もう少し鶴見さんの考えを掘り下げることにしましょう。

「紅茶を飲むためなら世界が破滅しても構わない」――鶴見俊輔さんの方法②

興味深いことに、彼は「私」にこだわり「好み」を見つけ出すことを、小説家のドストエフスキーを例に説明しています。

ドストエフスキーの「地下生活者の手記」の主人公は、「オレはコーヒーを飲みたい。オレがコーヒーを飲むためなら、世界が破滅したってかまわない」という。ドストエフスキーはそのことを言いたかったんですよ。だから、自分のなかにバネになるようなものを探しあてることを――これはさきほど言った〝自分の好みをもつ〟ということとかさなるのですが――教師が子どもたちにすすめてほしいと、私は思います。お説教としてすすめるのではなく、「オレはそういう気分をもっているよ」ということがしぜんに子どもたちに伝わるようなクラスの空間をつくれればいいのです。[57]

教育がテーマの対談での言葉なので、最後の方には教師や教室の話題が出てきますが、それは脇に置いておきましょう。私たちが関心を示すべきなのは、それ以外の部分にあります。

まず注目したいのは、ドストエフスキーの描く破滅的な人物の代表格である『地下室の手記』の主人公。人から邪魔されずに自分の楽しみ（＝コーヒー）を優先しようとする彼のあり方を、鶴見さんは「自分の好み」という牧歌的な言葉で言い換えています（ちなみに、ドストエフスキーが書いた元の文章では「紅茶」なので鶴見さんは覚え間違いをしています）。

偏愛はすべてに優《まさ》る。どれくらい優るかというと、そのためなら世界が滅びたって構わないくらい優っている。つまり、自己の原動力たる衝動の根っこには、「究極的にはそれ以外の価値や意味なんてどうでもいい」という気分が隠れているのです。

『地下室の手記』の主人公は、過剰なまでに自意識を肥大化させていて、自己本位で引きこもりがちな皮肉屋で、様々な事柄や思想、あるいは人物に対して呪詛《じゅそ》と嘲笑を吐き出すという特徴があります。鶴見俊輔さんが参照したのは、そうした人物の冷笑的な発言に接し、まかり間違って感銘を受けた人が訪ねてきたときの一節です。

> そうとも、人から邪魔されずにいられるためなら、ぼくはいますぐ全世界を一カペーカで売りとばしたっていいと思っている。世界が破滅するのと、このぼくが茶を飲めなくなるのと、どっちを取るかって？　聞かしてやろうか、世界なんか破滅したって、ぼくがいつも茶を飲めれば、それでいいのさ。きみには、こいつがわかっていたのかい、どうだい？　まあいい、ぼくにはわかっていたんだ、ぼくがならず者で、卑劣漢で、利己主義者で、なまけ者だってことがね。[58]

ヒステリーでも起こしたように、主人公はまくしたてます。

原作を普通に読めば売り言葉に買い言葉で口が滑ったにすぎません。しかし大切なのは、これは単に切羽詰まって口から滑ったにすぎない台詞《せりふ》ではなく、彼の心の深いところから発する言葉だと鶴見さんは読み替えていた事実にあります。ドストエフスキーの話を、欲望の「強さ」の問題として読まないように注意してください。「紅茶」に対する異常なまでの好みは、彼の癇癪《かんしゃく》のなせるわざではありません。むしろ、彼の衝動が一つの形をとることで形成された偏愛にほかならないのです。

紅茶が飲めるなら究極的には世界の他のすべてはどうだって構わないと主人公は思っています。にもかかわらず、衝動の向かう先が他ならぬ「紅茶」であることに特に合理的な理由はありません。他のものでもよかったのかもしれない。なぜ紅茶なのかうまく説明できない。これは、常に説明から零《こぼ》れ落ちていく衝動そのものです。

ドストエフスキーの爽やかな衝動――鶴見俊輔さんの方法③

紅茶と世界の存亡を秤《はかり》にかけるドストエフスキーの極端な台詞回しを、鶴見さんは「ニヒリズム」と結びつけています。ニヒリズムとは、すべての事柄や行為の意味や価値を疑う立場を指しています。生きることも、真面目な努力も、あるいは行動しないことさえも究極的には何の意味もないので、ニヒリズムは、大抵悲観的な姿勢をもたらすことになります。

しかし、鶴見さんにとってのニヒリズムは、このような冷笑的で虚無的な立場ではありません。むしろ、どのような懐疑を経ても根絶することができない、非合理な情熱を探り当てるための方法のことです。すべての意味と価値を疑い、一掃したにもかかわらず、それでも拭いがたく残る数少ない習慣のようなものとして、衝動は見出されるだろうと言っているのです。鶴見さんにとって、ニヒリズムは「自己」に徹底して内在するための手段でした。「これさえあれば、究極的には世界のことはどうだっていい」という言葉は、実際には世界の存続を前提にしています。紅茶もコーヒーもこの世界の一部だから、世界なくしては一滴たりとも飲めないし、少なくとも持続的に紅茶やコーヒーをたしなむことは、世界が滅亡しないことを前提にしています。だから、この発言は支離滅裂もいいところなんですね。鶴見＝ドストエフスキーは、ここでむちゃくちゃなことを言っている。

しかし重要なのは、この「むちゃくちゃさ」にほかなりません。あらゆる物事の価値を疑っても、それでも理由なく残るのが「好き」（偏愛）だという考えに基づけば、衝動の非合理性は、他のことはすべて何だって構わないと言えるほどの破天荒さとして理解できるからです。偏愛を探り当てる上で、支離滅裂さや無根拠さが一種のシグナルになっているわけですね。

この「むちゃくちゃさ」には、悲観的でシニカルな様子どころか、一周回った爽やかさがあるように思われます。一周回った爽やかさとは、「これさえ譲らなければ他はどうだっていいんだ」と言えるような根拠地を知っている人の自由さです。自分の衝動を知っている人には、大概のことなら振り回されない泰然自若とした姿勢があります。そういう爽やかで軽やかな雰囲気を、この破天荒な台詞に読み取っておきたいと思います。

感じる力を取り戻すためのニヒリズム——鶴見俊輔さんの方法④

自由さや爽やかさがあるにしたって、「ニヒリズムを活用する」のは過激すぎるように思わないでしょうか。そもそも、なぜ彼は価値や意味を疑う虚無的な方法が必要だと考えたのでしょうか。そういう手順を取る必要があるのは、彼自身が使った比喩を用いるなら、全体が明るい状況で一つの灯《ともしび》を見つけることは難しいけれども、暗い状況で一つの灯を見つけることは容易《たやす》いからです[59]。

まぶしすぎる状況と同じように、広告やSNSなど様々なメディアを通して色々な刺激を与えられ続けることで、自分の中で生まれた多数の強い欲望に感情を絡めとられて、小さく静かに動く深い欲望が見えなくなっている。彼に倣えば、そういうときに採用できるのは、状況全体を暗くすることです[60]。要するに、ニヒリズムは、状況全体を暗くするツールであり、そのことによって灯の一つを見つけやすくするという目的で用いられるべきものなのです。

娯楽やSNSなどであまりに途切れなく激しい刺激を摂取し、大袈裟な言葉や音が自分の声を乗っ取っていった結果として、私たちの感じる力は鈍感になってしまった。だから、感性を再起動して敏感さを取り戻し、感覚や思いに慎重な手つきで関わっていくやり方を思い出す必要がある。何にも残らないくらい自分の身に着けた価値や意味を疑っていくニヒリズムは、自分の中に残る「偏愛」ないし「好み」を見つけ、感じる力を回復させながら解釈を進めていく探索方法の一つになりうるだろう。――というように考えたわけです。

「見えにくいものを見るためだ」と言っても、自分自身が心から信じているものをすべて疑っていくやり方はちょっとどうかしています。今の自分がいいと思い、正しいと思い、意味があると思っているものすべてを、一旦は疑って留保してしまうわけですから。鶴見さん自身も大人しいやり方ではないと思っていたようで、ニヒリズム的な姿勢を「狂気」と結びつけています。だから、ニヒリズムによる「好き」の発見術は、一種のショック療法と考えた方がよいのでしょう。

繰り返しになりますが、ドストエフスキーの作品の台詞を引用するくらいなので、鶴見流はちょっと極端な部分を含んでいるため、心に余裕がある状態でなければおすすめはできません。とはいえ、「ここさえ譲れなければ他はなんだっていい」という吹っ切れたような爽やかさがあり、この方法の魅力は否定できないとも思っています。

衝動についてこれまでわかったこと

これまでわかったことを整理しておきましょう。衝動は、自分の内から湧き起こり、持続する欲望であり、モチベーション的な語彙では説明しきれない非合理的な力です。つまり、衝動は、自分のものでありながら、自分でも完全にはコントロールしきれず、それが自分を突き動かす方向に自分自身で驚くこともあります。

ただし、衝動が自分でも驚くような行動を取らせるのは、情動の強さゆえではなく、むしろ個人性の偏りゆえだと理解するべきです。この細かく特定化されたあり方を表すために、私たちはこの欲望のことを「偏愛」と呼んできました。

偏愛と衝動の関係についても論じました。衝動が具体的な活動の形をとったとき、偏愛と呼ばれます。衝動が特定の適応先を持たずに潜在している状態を指すのに対して、偏愛は具体的に語ることができる。だから、偏愛を十分言語化した上で、それを適切に一般化すれば衝動がどんなものなのかを言い当てることができます。

では、偏愛を読み解き、解釈するためにはどうすればいいのでしょうか。自分が価値判断をしたときに、何を特別に好んでいて、何を特別に嫌がっているのかについて多角的な質問を行う「セルフインタビュー」をすればいいというのが本章での提案です。セルフインタビューを通して偏愛を掘り下げるためには、自分が実際のところ何を楽しんでいるのかを探る必要があります。

セルフインタビューでは、自分を調子づかせたり、世間的な評価によって考えや思いを控えたりしないようにすることが大切です。香山哲さんは、そのために必要なのが「自分を丁重に扱うこと」だと述べていました。つまり自分にとっての快適な環境を用意し、心地いい状況を作る必要があるわけです。自分の感じている不快や違和を退けていく中で、自分にとっての心地よさを探るのがいいでしょうが、何がしっくりくるのかは個々人で違っています。セルフインタビューをするときのコツについても話しました。物語や概略には回収されない些細な事柄、ちょっとした表現や言葉選びなどの「細部」に注目すること。それにこだわって議論を重ねてみれば、思いもしない何かがわかってきます。

こうしたやり方以前の段階で躓《つまず》いてしまう人向けに、欠乏を体験することで渇望が生じる状態に自分をさらしてみるという方法や、鈍感さを突き抜けて偏愛を把握するための方法的ニヒリズムを提案しました。後者は取扱注意というか、人を選ぶと思いますが、その手法以上に大切なのは、衝動を知る人の不思議な爽やかさです。「世界を売り飛ばしたっていい」

と言えるくらい譲れないものがはっきりしている人には、不思議な軽やかさや自由さがある。そのこと以外は何だって譲れる大らかさと暢気さがある。

以上が、私たちがこれまで議論してきたことです。本章では、いかにして手持ちの偏愛から衝動の姿を浮かび上がらせればよいのかという手法に照準を定めてきました。それに対して次章では、そうして描き出した衝動を、具体的な行動の計画へと結びつけていくやり方について考えていきます。

コラム 「それっぽい説明」から逃れるには

本書を貫く指針は、「それっぽい説明に振り回されずに解釈する」です。[61] これ自体は単純な話に聞こえますが、それっぽい説明を避けることを実践するのは存外難しいものです。私の友人である荒木博行さんは、『独学の地図』（東洋経済新報社、2023）の第二章で、ワークショップや対話セッションでの感想には「それっぽい説明」が侵入しやすく、それから脱することは難しいと指摘しています。

連続で企業内研修を実施し、前回のセッションを経て得た学びを発表してもらったところ、ある参加者からこういう返答が来たそうです。「課題に取り組むとき、どうしても自分を取り繕おうとしてしまい、結果として、いいフィードバックをもらえなかった。だからもっと素直にならないといけない、もっと自己開示をしようと思った」。自分に素直になる。確かに大事なことですよね。研修の感想として、割といいようにも思えます。

しかし、これは自分の経験に対する解釈としては甘いものです。というのも、「自分に素直になった方がいい」なんてことは以前から知っていたこと、すでに知っている話ではないでしょうか。何か学んだ実感があるなら、どれほど些細なことであっても初めて得た学びを言葉にできてもいいのではないか。そう指摘された参加者は、「今回気づいたのは、自分がコンプレックスを感じているところでは、特に意地を張ってしまう。例えば、業績の話題になると特に力が入る」と答えました。

なんとなく「いい話」ですが、そんなことくらい元々わかっていたはずです。でも、これもまた「それっぽい説明」にすぎません。業績の話になると固くなり、意地を張ってしまうのも、コンプレックスがあると素直になりづらいのも、予め知っていたはずのことです。ここでもやはり、それっぽい言葉で自分の思考をマスキングし、それ以上深く考えないように解釈をストップさせています。

「それっぽい説明を避けよう」と二度指摘されてようやく、この参加者は、ある時期の業績低迷に関する自分の具体的で詳細な体験について語り始めました。「そのとき持っていた気持ちに、今もまだ整理がついていない」と。

「自分に素直に」「意地を張ってしまう自分をやめないといけない」というように、周囲から期待される言葉、なんとなく素敵な響きのする表現、それっぽい説明に飛びつくのを避けなければなりません。「それっぽい説明」に留まる限り、他人の欲望や世間的な「正解」に合わせて、自分の心を切り詰めることになります。それでは学びがないし、窮屈でしょう。

それを避けるには、どこまでも具体的で細かく理解することです。荒木さんはその手がかりとして、「経験の前後の差分」を探れと助言しています。細かく個人的に語る際

——の考え方として参考になるかもしれませんね。——

第四章　どのようにして衝動を生活に実装するのか

心理学者ジョン・デューイと、「衝動」の考察

古代ギリシアの哲学者であるプラトンは、人間の魂（心）を説明するのに、馬車（チャリオット）の比喩を用いました。欲望と気概（意地や自尊感情のこと）という二頭の馬が走っていて、それらを御者たる知性（ロゴス）が操縦するというような構成で、心は出来上がっているのだと考えたわけですね。知性が手綱を引いてコントロールをかけるのに対して、馬たちは、野放図な動きをするアンコントローラブルなものの象徴として置かれています。

これまで述べてきたように、衝動は、モチベーションのような抽象的な言葉を零《こぼ》れ落ちる「非合理的な」過剰さがあり、私たちを妙な方向へと導いていく力があり、それは私たち自身を驚かせるほどです。こうした特徴に、プラトンが欲望や気概に対して抱いたような、暴れ馬の印象を持つことは無理からぬことでしょう。

しかし、哲学者たちがみなプラトンのように考えたわけではありません。序章でも登場し

たジョン・デューイは、別の仕方で考えました。衝動は野放図ではないし、少なくとも、悪いイメージで「馬」という表象を捉える必要はありません。

高校倫理を履修していれば、デューイの名前に見覚えがあるかもしれません。彼はアメリカを代表する哲学者にして教育学者であり、「教育の主人公は子どもである」という現代的な教育の常識を形作るのに最も大きな影響を与えた人物の一人です。そしてあまり知られていないことなのですが、彼はアメリカ心理学会会長を務めた心理学者でもあり、衝動について考察を深めてもいるのです。

一人一人の人間が生きている経験や持っている関心を無視し、上意下達の権威によって、何かを押しつけるようにして物事に取り組ませても、あまり効果は上がらないし、学びにも生活の張り合いにもつながらない。つまり、上司、教師、親、政治家のような「偉い人」がなすべきことを決め、個々人に注意を払うことなく問答無用に目的や課題を与えて飲み込ませるような構図を彼は批判しました。

そんな風にしてできあがる機械的で硬直した学びや活動は、どこか歪《いびつ》で、その中にいる人を苦しくさせかねない。そうしたものに抵抗すべく持ち出されたのが、「衝動」という見方です。底の方から湧き上がってくる衝動を、行為とうまく結びつける方法が見つかれば、確かに、硬直した学びや活動を退けることもできそうです。

本章では、野放図に見える衝動を実生活に軟着陸させることに取り組みます。それによって、自分のものでありながら自分のものになりきらないという二面性のある衝動を、具体的な行動の計画へと結びつけていく方法を探っていきます。要するに、本章で取り組むべき問いは、衝動と暮らしの関係性、つまりは**【どのようにして衝動を生活に実装するのか】**というものです。

他者の目的にやみくもに従うことの問題性

デューイの書籍『経験と教育』の第六章では、衝動がキーワードになっています（LW13, 43)。彼が衝動をキーワードにしたのは、機械的で硬直的な学校教育が学生たちの自発性を押し殺しているという直観があったからです。

実際、この章の冒頭にあるのは、何かを学ぼうとしている当人の関心や欲求を無視して、外側から課題や目的を与えて、とにかくそれに従わせるようなやり方への批判です。会社や学校で嫌々取り組まされている作業のことを思い浮かべれば、デューイの言っていることはすぐにわかるでしょう。当人を無視して外側の事情で目的を課されているという意味で、このやり方を「外在的アプローチ」と呼ぶことにします。
作家の村上春樹さんは、今でこそランニング好きで知られています。だったら身体を動かすのが元々好きだったかというと、小学校から大学まで体育の授業が嫌で仕方なかったそうです。このねじれも、外在的アプローチの強制性に原因があります。

体操着に着替えさせられて、グラウンドに連れて行かれて、やりたくもない運動をさせられるのが苦痛でたまらなかった。だからずっと長いあいだ自分は運動が不得意なんだと思っていました。でも社会に出て、自分の意思でスポーツを始めてみると、これがやたら面白いんです。「運動するのってこんなに楽しいものだったのか」と目から鱗《うろこ》がぼろぼろと落ちたような気持ちがしました。じゃあ、これまで学校でやらされてきたあの運動はいったい何だったんだろう？　そう思うと茫然《ぼうぜん》としてしまいました。[62]

英語や数学、習い事の水泳やピアノ、親が期待している将来の職業など、好きに代入して構いません。別に身体を動かすことでなくても、自分の事情を無視して何かをやらされているとき、つまり、誰かが設定した目的に無理やり従わされているとき、人は嫌な気持ちになるものです。

自分との接点を見出せず、関心もない目的を課され、そのための行動を強いられることに、人は苦痛を感じます。例えば、学習者の関心に合わせて楽しさや意味を伝える努力を惜しんで、とにかく情報を叩《たた》き込むような権威主義的な教育方法は褒められたものではないでしょう。人の心を無視する外在的アプローチは息苦しくさせるだけです。

極端な外在的アプローチは、深い学びや達成をもたらさないどころか、苦行を課す行いです。デューイもそう考えていたようで、「かつてプラトンは他人の目的を実行している人を奴隷と定義した」と指摘しています（LW13, 43）。関心と活動を橋渡しせずに、機械的に他者にタスクを課すやり方は、まるで隷属だと示唆しているわけです。ちなみに、序章で「将来の夢は？」と聞かれて否定された子どもの話をしましたが、あの問答は、他人の目的を実行する人へと育て上げるための練習の一環だと捉えられるかもしれません。

衝動にやみくもに従うことの問題性

デューイは、当事者の感覚を押し殺して外側からぎこちなく目的を課し、それに従わせる外在的アプローチを批判しました。すでに指摘したように、このやり方は大半の社会組織

（学校や会社など）で採用されています。効率的で、計算可能で、予測可能で、コントロールしやすいものを求める合理化された集団には、必ずこういう要素があります[63]。

外在的アプローチは、当事者の願望や欲望を無視します。つまり、外在的アプローチによって人を動かそうとするシステムは、偏愛や衝動を抑圧した上に成立するものなのです。おそらく、そこに息苦しさを漠然と感じ取っているからこそ、「本当にやりたいことをしなさい」「自分の本当の欲望を見つけろ」と語る自己啓発本に真実味を感じる方が多いのだと思います（が、そのレトリックの危うさは序章で述べた通りです）。

　外在的アプローチを批判し、衝動についてデューイは考えていました。だとすると彼は衝動を全面的に肯定したのでしょうか。そうとも言い切れないのが、彼の面白いところです。デューイは、衝動のままに行動するやみくもな生き方のことも批判しています。というのも、衝動を形にするためには、衝動のことだけを考えていてはいけないからです。

　例えば、走ることや散歩に情熱を持っていたとしても、車がビュンビュン走っているところを問答無用に横切ろうとするのは無謀すぎます。それに、道のでこぼこや傾斜、街路樹、天候を気に留めず、衝動のままに足を動かそうとすれば、ランニングやウォーキングという活動自体が成り立ちません。

同じことは他の衝動、例えば絵を描く衝動についても言えます。衝動のままに学校や駅にスプレーで絵を描きまくると、色々なルールに引っかかってしまいますし、素材の様子を観察しなければ適切に線を引くこともできません。物理的・社会的環境との協力関係、他者との協力関係が欠かせないのです。

これらの事例から、たとえ衝動に基づく行為をするときだとしても、周囲の環境をよく観察し、それらと協調することは大切だとわかります。つまり、衝動を自分の内側にだけ関係するものとして捉え、環境を無視することには問題があるわけです。衝動だけを見ていては、衝動の実行すらままなりません。

言い換えれば、デューイは、自分の衝動や関心にとにかく忠実でありさえすればいいという立場を批判しています。無批判に衝動に振り回されるのは、自分の意志を放棄するようなものであり、これもまた別の奴隷状態だと彼は考えました。

要するに、自分の内なる声とされるものに飛びつき、それに従えば万事問題はないというわけではないということです。硬直的に目的を課されるとき「外在的アプローチ」に問題があるように、欲望の奴隷となるとき「内在的アプローチ」にも問題はあります。何かに取り組んだり学んだりするときに、自分の内なる衝動や強い関心は尊重されるべきなのですが、何も考えずに身を任せられるようなものではないのです。[64]

衝動と知性の関係

他人の目的に従属する奴隷も、衝動の都合に振り回されるだけの奴隷も避けるべきだとすれば、私たちには何ができるのでしょうか。大体予想していたと思いますが、デューイは、外在的アプローチと内在的アプローチのあいだを行くことを選びました。つまり、周囲にいる他者や環境を尊重しつつも、内側から湧きあがる衝動を押し殺さないという路線です。

ランニングする、絵を描く、子どもを引き取る、空揚げを配る、地動説を追究するなどといった、これまで見た事例を改めて眺めてみると、周囲を冷静に観察して計画を立てる合理性と、心の内で湧き上がる衝動をうまく協調させることが確かに重要そうに思えます。どれも周囲への注意深さ、目標の形成、練習や準備などが欠かせず、衝動だけでは済まないからです。

でも、衝動と計画の相性はいかにも悪そうですよね。計画という合理的なものと、衝動という非合理なものは、どうやって共存しているのでしょうか。事実として両者が共存しないと、欲していることが実現されることはないとしても、これは奇妙な事態です。

相性が悪そうな二つを折り合わせるためにデューイが注目したのは「目的」です。「本当の目的は、いつも衝動から始まる」（LW13, 43）と彼は述べました。本当の意味での目的は、当事者を無視して押しつけられるものではなく、その人の衝動から拵《こしら》えられる必要がある。衝動から目的を生み出すことが大切なのです。だとすれば、本章冒頭の問いは、**【どうやって衝動から目的を生み出すのか】**と言い換えられます。

便宜のために、「衝動」と「目的」という言葉について先回りして説明してしまいましょう。そもそも衝動は、私たちに方向感覚を与える作用を持っています。「こっちの方に進めばいい」「大体こういうことが心地いい」「ああいうのは居心地が悪い」と、進むべき方向や避けるべき方向を教えてくれるわけです。「衝動は原動力だ」と度々言ってきたのは、衝動が、具体的な目的地ではなく大体の方向性を告げるものだということを踏まえた表現でした。しかし、「ここにたどり着けばいい」「これが衝動の目指していたものだ」と、具体的なゴール（到達地点）を指定するのは衝動の仕事ではありません。衝動は、直接私たちになすべきことを教えてくれません。具体的な行動を導くのは「衝動」ではなく、知性が試行錯誤しながら組み立てる達成可能な「目的」です。

衝動は、進むべき方向をざっくりと指定し、そちらへと私たちを突き動かす原動力ではあるけれども、衝動そのものに計画性が組み込まれているわけではありません。だとすれば、代わりに私たちが頭を働かせるしかない。自分の具体的な「目的」はどれなのかはもちろん、その目的を実現するための「戦略」はどうなのかを判断する必要があります。それは知性の役割です。

仕事だと話がわかりやすいので、音楽業界で一流のミュージシャンと一緒に仕事がしたいという方向性だけ衝動からはっきり割り出せているとしましょう。「音楽業界」と一言で言っても、ミュージシャン、技師、マネージャーや代理人、著作権法務、ライブ会場運営関連企業の事務や営業など多様な選択肢があります。この選択肢のどれがふさわしい「目的」たりうるかを判定するのは自分の知性です。そして、目的と手段がセットである以上、どうやって目的の実現に近づくかという「戦略」を考えるのも、やはり知性の役割です。

知性で衝動に働きかけることで、目的は形作られる

衝動が大まかな方向性を教え、知性の判断をサポートしてくれるとしても、目的を形成したり、目的を実現するために適切な手段を選んだり、計画を立てたり、必要に応じて目的自体を修正したりするプロセスは、あくまでも知性の仕事だという話をしました。

衝動に知的に働きかけることで目的が形成されると論じたデューイの具体的な文章を見てみましょう。

目的とは、見通しのことだ。つまり、目的には、衝動に働きかけることで生じる帰結を予測することが含まれている。帰結を予測することには、知性の働きが含まれている。（LW13, 43）

帰結を予測しなければ見通し（＝目的）が立たないという点で、帰結の予測こそが目的の形成につながっている。そして、知性を働かせることで、帰結の予測ができる。これらを考え併せると、「知性を働かせれば、ある条件下において衝動から生じる帰結を予測することができ、その結果として目的はできあがる」ということがわかります。

しかし、「よーし、知性を働かせるぞー」と意気込んだところで頭をうまく動かせるわけではありません。意気込みで知的活動がどうにかなるなら、人類はこんなに苦労していないはずです。だとすれば、目的形成における知性の働きについて、何か適切な手順やプロセスを知る必要があるということになりそうです。

そもそも、基本的に習慣の自動操縦によって大半のことを考えずに済ませるのが人という生き物であり、知性の仕事が始まるのは、習慣で処理できない事柄に直面したときです。つまり、何らかのハードルによって衝動の実行や充足が遅延させられたとき、はじめて知性が動き始めます。そういう意味でも、目的は、放っておけば自動的に生まれるわけではなく、知的省察における適切な手順を踏んでこそ形成されうると言えそうです。

①環境を観察すること

デューイは、まさにこの手順を言語化してくれています。彼によると、衝動からの目的形成という知的なプロセスは、三つの手順から構成されています。それが、①環境の観察、②記憶の探索、③意味の判断です。順に見ていきましょう。

まずは、「環境の観察」から。目的形成のために環境（＝周囲）を観察する必要があるというのはどういうことでしょうか。これについては、衝動に無批判に従ってはいけないという話をしたタイミングで少し話をしているので重なるところもありますが、気にせず説明することにします。

行為は、何もないところで成立するわけではありません。例えば、散歩という行為は、大地と身体がうまく関わり合うことがなければ成立しないし、パソコンを使った3Dモデリングもソフトウェアが許容する操作に沿ってやるしかありません。それから、空揚げを「作る」活動も、調理用具や食材、それを味わう他者との協調関係がなければ成し遂げられないし、空揚げを「配る」にも、それを面白がって受け取る他者が必要です。

この説明からわかるように、衝動は、それ単体で衝動の目指す先を実現してくれるわけではありません。あくまでも、自分を取り囲む様々な条件との「相互作用や協調によってのみ」、衝動は意味ある帰結をもたらすのです(LW14, 44)。ただし、ここでいう「環境」や「条件」には、周囲にあるものなら何でも含まれることに注意してください。建物や道路、樹木や雪のような物理的な環境だけでなく、社会的環境、つまり貨幣制度やルール、愛や友情などの目に見えない概念、そして他者なども含まれています。そういったものと適切な関係を築けてこそ、衝動は効果的に実行に移されうるのです。

行為にとって環境との相互性が重要であることを解説するために、デューイは歩くことを例に出しています。

歩くという単純な行為に対する衝動は、自分が立っている大地と積極的に連携することによってはじめて実行される。通常の状況下では、私たちは地面にそれほど注意を向ける必要がないが、道の整備されていない険しくでこぼこな山を登るときのように、対応の難しい状況では、諸々の条件が何なのかについて極めて注意深く観察しなければならない。

(LW14, 43-4)

言っていることはさほど難しいことではありません。

自分の身体と大地が呼応するように足を動かしてはじめて、歩行は可能になる。舗装された平坦な道を歩くときには習慣的に処理されているので意識しないだけで、私たちは地面を無視して歩くことはできない。例えば急峻な山を下りるときや雪道を進むときのような「対応の難しい状況」では、私たちは平場を歩くようには歩けません。そこでは、注意深い観察が必要となります。それと同じことが、歩くこと以外にも言えるのだということです。

普段通りの環境ならまだしも、ちょっと異質な環境や対象を目の当たりにしたとき、それをじっくり観察しなければうまく行為を成し遂げられないのです。こうした観察の必要性について、「踏切の脇にある標識のところにいるときのように、私たちは立ち止まり、眺め、耳を傾けねばならないのだ」という喩え話をデューイは提示しています。つまり、環境と呼応し合わなければ行為は成立しないため、観察が必要になる局面があるのです。

②記憶を探索すること

しかし「観察」と一口に言っても、実態は実に多様なものです。例えば、リンゴが器に入っている絵画を見て、「リンゴがある」「きれい」とだけ思う人もいれば、学んできた知識を活用して、「これは静物画だ」「このモチーフには象徴的な意味があるはず」「この箇所の絵の具は劣化していないから最近修復されたんだろうな」と考える人もいるはずです。

あるいは、「実家で使っていた器にとても似ている」「うちの猫がリンゴを手で突っついていたなぁ」などと思う人もいるでしょうし、無関心に素通りする人もいるかもしれません。このように、同じものを見ていても、そこから何を読み取るのかは人によって違います。

この「違い」を生み出している要素の一つが「記憶」です。[65] 過去の似たような条件や状況で起こった出来事、誰かと話した内容、人や書物から学んだこと、物語などを通した想像、助言や警告など、様々な記憶を私たちは持っています。つまり、見聞きしたり、想像したり、自分の身体で体験したりした知識のことを、ここでは「記憶」と呼んでいます。

習慣的に対処することのできない、何かよくわからない状況や対象に出くわしたとき、現状を理解する手がかりを求めて私たちは記憶を探索します。記憶の探索とは、「心の中で過去の経験を入念に調べる」ことであり、「過去の経験を振り返り、その中にある現状と似たものを見つける」ことです（LW14, 44)。

習慣的な理解では把握しきれないリンゴの絵を見たときに、リンゴは聖書によく出るモチーフだという話をしている本のことを思い出したり、熟れていないリンゴを食べておいしくないと感じた経験を思い出したりする。その想起に影響されて、今一度絵を観察すると別の側面に気づいたり、その観察から得た新情報で別の記憶が想起されたりするでしょう。このように、観察と記憶の探索は互いを行きつ戻りつしながら、ほとんど同時に遂行されていきます[66]。

③意味を判断すること

ただし、知性の働きは、観察と記憶の探索を揺れ動く状態で終わるわけではありません。というのも、観察と記憶を行き来するのは、「これがどういう意味を持っているのか」を理解するために行なわれるからです。逆に言えば、「なるほど、これにはこういう意味があったんだ」と一応の説明がつけられたとき、探究のプロセスは一時停止されます。

問題となっている対象や状況を踏まえて、観察と記憶を行き来しながら、それらがうまく結びついたとき、私たちはその「意味」を理解したと感じます。意味を知る能力のことを、デューイは「判断力」と呼んでいます。

ある事柄の意味がわかる、ある事柄について判断できるとは具体的にどういうことかというと、それがどうなるかがわかるということです。この調子で足を動かすことができれば、この悪路でも転ばないだろうけど、少し歩いた先は雨で濡れたままなので注意深くならなければ足を滑らせかねない。このブロックをあそこに積み上げると不安定なので、きっと崩れてしまうだろう。例えばこのように、ある条件下でその事柄がどのように作用し、どんな帰結をもたらすのかについての予測を立てることってありますよね。ある事柄の意味を理解するとは、そうした予測の形成のことなのです。

デューイの別の本では、「意味」は「諸々の潜在的な帰結」とも言い換えられています。水の入ったヤカンを火にかけてしばらくすれば、水は沸騰・蒸発する。湿気っていない場合、マッチ箱でマッチを擦れば火がつく。主節に書いてあるのが、従属節の潜在的な帰結に当たります。「マッチでマッチ箱を擦る」ことの意味は、マッチに火がつくことであり、「水の入ったヤカンを火にかける」ことの意味は、水が沸騰したり蒸発したりすることです。

つまり、ある事柄の「意味」とは、それが引き起こしうる様々な帰結の予測であり、言い換えると、意味とは「そういうときは、こうする／こうなる」という条件節（if…、then…構文）の束のようなものなのです。

もう少し複雑な例で考えてみましょう。キャンプしようとする人が実際にキャンプをする前に、キャンプ場やその地域の情報を仕入れたり、目的地と似た山の登山経験を思い出したり、予定日の天候を調べたりしたとすれば、その人は適切な準備をすることができますよね。では、コンビニやスーパーが近くになく、キャンプ場の事務所でも物品を販売していないことに気づいたらどうするでしょうか。事前に万全を期して物を揃えておくはずです。「キャンプ場やその周辺で買い物ができない」ことの意味（＝潜在的な帰結）は、例えば「食材などを準備しなければ空腹に苦しむことになる」といったところでしょうか。

衝動は目的や戦略へと翻訳される

細かな話が多くなったので、そもそも論を振り返りましょう。①環境の観察、②記憶の探索、③意味の判断について話をしてきたのは、「知性を働かせることで、ある条件下で衝動を実行したときの帰結を予測し、目的を拵えていく」というプロセスが、実際にはどのようなものなのかを確認するためでした。つまり、この三つのプロセスは、「知性を働かせる」とは具体的にどういうことかを説明したものと言えます。

周囲を観察して情報を読み取り、それに関連しそうな記憶を探るという過程をぐるぐる探ることで、「ああ、これってこういうことだったんだ」という意味に気づくこと。その成果に基づいて、衝動の向かう先を調整することで、衝動を首尾よく行動に変えることができます。合気道のように衝動の推進力を借りつつ、妥当な方向に進むことを企図して目的を形成し、計画を立てようとしているわけです。

それゆえ、ここでの目的は、衝動の力に掉《さお》さしながら戦略的に展開された目的です。つまり、当事者を無視して押しつけられたわけではないし、衝動の推進力にやみくもに従っているわけでもありません。起こりうる色々な帰結を予測し、具体的な計画を形作っているため、衝動に「無軌道」や「野放図」という形容は適切ではないのです。

「知性で衝動に働きかけることで目的は生まれる」とか、「衝動から目的を拵える」といった文章は、このように、知性が衝動の力を目的へと橋渡しするための調整の働きを表現するものだと理解することができます。というより、衝動を実践に落とし込むには、そうした知的な調整（目的形成や戦略選択）が避けられないのです。デューイ自身もこう述べています。

目的は、元々の衝動〔……〕とは異なり、与えられた観察条件の下で、ある仕方で行動することの様々な帰結の予測に基づいているため、行為の計画や方法へと翻訳される。(LW14, 44)

目的は、具体的な行動の戦略へとつながるものだということです。

衝動の力が続く限り、目的や戦略は成長していく

①環境の観察、②記憶の探索、③意味の判断と、知性の働かせ方について詳述してきました。以上でひとまず【どのようにして衝動を生活に実装するのか】という問い、あるいはその言い換えとしての【どうやって衝動から目的を生み出すのか】という問いへの答えは出たことになります。だとすれば、今後取り組むべきは、その目的の性質はどのようなものかという疑問でしょう。衝動から拵えられた目的がとりがちな挙動を把握していなくては、目的とうまくやっていくのも難しいでしょう。

まず、衝動から形成された目的は可変であることに注意しなければなりません。衝動は、

どこまでも新たな再解釈を許容する多様なポテンシャルを持つ力として理解しなければなりません。一つ事例を出しましょう。ダークホース・プロジェクトに登場するスーザン・ロジャースです。

彼女は、離婚後にふと「音楽業界に関わりたい」と思い立ち、手にしたアルバムに記載されていた「音響技師」になろうと考えた。しかし、専門学校に通うという標準的なルートを歩めず、音楽関係の情報も手持ちがなく、業界の人脈もないため、サウンドアーツ大学の事務職に応募することを決めた。

> 標準化されたシステムから見れば、これは馬鹿げた決断だ。この仕事は事務職であって、技術職ではないし、パートタイムから常勤に変わる保証すらない。しかし、彼女の選択は自分自身の偏愛を熟知した上でのことだった。受付係は人の世話をする仕事だ。そして、スーザンはそういう仕事に意欲をかき立てられる。〔……〕また、この仕事から間接的に講師や教材に関わっていけるようになるかもしれない。そうなったら、音響技師になるのに必要な学習を自力で始められる。[67]

働き始めて数週間後、「音楽業界で安定しているのは、保安技術者ではないか」という立ち話を耳にする。

保安技術者と音響技師の違いについて調べた上で、友人から電子機器に独学で精通するなら米軍発行の操作マニュアルがよいと聞き、地元の陸軍徴兵事務所に問い合わせ、一冊を送ってもらう。スタジオの機器には触れられないままだったが、起きている間はずっと機器をイメージしながらむさぼるようにマニュアルを読み続けた。その後の経緯も非常に面白いがかいつまんで言うと、彼女は早々に夢をかなえ、ミキシングまで担当する録音技師になり、プリンスと伝説的なアルバムをリリースしたばかりか、非常に影響力ある音楽プロデューサーになった。

ロジャースの音楽業界での様々な計画変更は、その実、「目的」や、それを実現するための「戦略」（ないし「計画」）の修正・変更にほかなりません。彼女の語りを聞く限り、衝動そのものが変化していると考える理由は特になさそうです。

むしろ、今掲げている目的や戦略に固執せず、衝動に照らして、よりよい目的や戦略と出会ったらどんどんと修正する貪欲さこそが、彼女の行動を特徴づけていると考えられます。

スーザン・ロジャースの事例から学べるのは、衝動の力が続く限り、目的や戦略は変化し、成長していくものだということです。[68]

衝動は、行動を再構築する

ただし、大きな変化を想定することもできます。例えば、30代後半になったスーザン・ロジャースは、「人間の脳への関心が高まった」として、唐突にそのキャリアを方向転換し、神経科学者になったそうです。[69] これは単なる「戦略」や「目的」の変化とは言えないでしょう。もっと全般的な変化が起きていると考えられます。

もう一人、ニューヨークのブルックリン地区で活動するイングリッド・カロッツィを参考にしましょう。興味深い仕方で人生のレールを外れていった人物です。彼女もダークホース・プロジェクトに登場しています。

カロッツィは、かねてから憧れていたデザインの道を選び、デザイナーとしてブランディングや広告などの分野で活躍していました。あるとき、元々デザイナーとして仕事をしていた在米スウェーデン商工会議所から、驚くべき依頼が来ました。彼女のデザインセンスを見込んで、イベントを彩る花をコーディネートしてほしいと言われたのです。これまで一度も花や草木を扱ったことがなかったにもかかわらず。

しかし、デザインで培った色彩や造形のセンスを活かして、フラワーコーディネートの既存のルールに囚われない見事な展示がなされたようで、そこから彼女にフラワーコーディネートの仕事が殺到することになります。最終的に、彼女はデザイナーを辞め、その道で独立することを選びました。

彼女は自分の衝動に働きかけ、デザイン業界で活動するという目的を実現していたにもかかわらず、あるとき花を扱う仕事に出会ってその楽しさに目覚めた途端、別の衝動が姿を見せ始め、草花への関心という別の方向性を示し始めました。今では、『手摘み：シンプルで持続可能な季節のフラワーアレンジメント（*Handpicked: Simple, Sustainable, and Seasonal Flower Arrangements*）』や『花々をデザインする：自分のスペースを整える（*Flowers by Design: Creating Arrangements for Your Space*）』などの本を出すまでになっています[70]。

ここにあるのは、目的や戦略の変化というより、衝動の転換です。衝動の力を借りている目的や戦略が再形成されたのではなく、支配的な衝動があるものから別のものへと転換しているのです。デューイの言葉を借りれば、衝動には、行動を「再編成する潜勢力（reorganizing potentialities）」があります。これは、行動を支えている習慣や選好を「再構築（reconstruction）」し、別の方向へと向け変える力のことです（MW14, 69-70）。新たな衝動が立ち現れるとき、私たちのあり方ごと書き換えられるということです。

空揚げ配りをしていた三浦祥敬さんを思い出してみましょう。彼はそれ以前色々なイベントを企画したり、リサーチを業務委託されたりすることで生活していたのですが、そうした習慣を向け変えなければ、対価をもらわず日本全国を回る空揚げ配りなどは実現できなかったはずです。現代において仏教文化を再編成し、独自の仕方で実験してみることへの衝動は、定住する、対価をもらうといった常識的に持っていた行為の習慣すら書き換えてしまいました。

今挙げた人たちは、世間的に見て「賢い選択」と言えるかどうか、人生のこれまでのレールの延長にあるかどうかなどを気にしていません。「これまでこう積み上げてきたから、これからこうなるだろう」と、過去からの延長で自分を理解してもいません。つまり、自分を型にはめて理解していないのです。急に思い立って天文家になったジェニー・マコーミックも、慣れ親しんだ町やビジネスを捨てて仕立て屋になったアラン・ルーローも同じです。仮にそれ以前に衝動が導いてくれた場所と違う方向だとしても、ダークホースには、衝動の告げる方へ走り出すことをためらう理由がないのです。[71]

衝動には「溜め」がある

とはいえ、ロジャースやカロッツィにせよ、三浦さんにせよ、さすがに変化が急であるように思えます。なぜこうした変化が突如として生じるのでしょうか。この急な態度転換は、衝動の特性に由来しています。すなわち、衝動は複雑な力の集合体のようなもので、そのすべてが常々活用されているわけではないという特性です。

格闘やアクションのゲームに「溜《た》め」という機能があります。それと同じように、衝動にも「溜め」があり、人には常に活用されないまま残っているものが潜在しています。その溜めは、何かきっかけがあったときに動き出すことがあります。溜めの衝動が動き出すことによって衝動のネットワークが書き換えられ、カロッツィや三浦さんのような態度の方向転換が生じるわけです。

別の表現をするなら、衝動は常に複数形でイメージされるべきであり、無数の溜めが存在していると言えます。それゆえ、衝動同士が微妙なパワーバランスで互いに働きかけ合っています。だからこそ、あるとき、これまでとは違う衝動が主導権を握って急に自分の心が方向転換し、予期せぬことに取り組み出すかもしれないわけです。

ここで強調しておきたいのは、こうした自己の方向転換は、そのまま「自分のあり方の再編成」でもあるということです。すなわち、衝動の組み換えは、そのまま自己のあり方の組み換えなのです。哲学者の鶴見俊輔さんは、周囲の大人や環境から影響を受けることで、子どもにはそれぞれの「魂の傾き」が生じると考えました。[72]その言葉を借りるなら、こうした態度転換は、自分という人間を作り上げている考えのネットワークが全面的につなぎなおされて、「魂の傾き」がグルンと転換してしまうことにほかなりません。

衝動の生み出す強烈な力によって、自分の関心や行動が書き換わるのは、一種の「魂の向け変え」だとデューイも示唆しています。[73]彼はそれを宗教的なレトリックとも結びつけています。

活用されうるが〔普段は〕働いていない衝動（impulses）は、いつでもそれなりに蓄えられている。そうした衝動が表に出て活用されることを、回心（conversion）と呼び、それが突然やってくるときには再生（regeneration）と呼ぶ。（MW14, 73）

「回心」や「再生」（二度生まれ）は、元々宗教的信仰に目覚めるときに使われる言葉ですが、そういった覚醒と本質的には同じ体験が、衝動の方向転換の際には生じるわけです。

衝動がもたらす自己変容の体験

とはいっても、あまり難しい話ではありません。そういう言葉遣いを通して、「ハッとさせられる瞬間」のことを語っているだけのことです。プラスでもマイナスでも構いませんが、ショックや強い情動を体験したとき、自分が変化しているのを感じるはずです。「自己破壊」と言って構わないほどに、ものの見方や想像力が変わり、時には、別の人物としてもう一度生まれ直したかのように感じる場合もあるかもしれません。衝動のもたらす自己の再編成は、そういう「ハッとさせられる瞬間」に生じます。

第一章で、「衝動に基づく行動は自分自身を驚かせることがある」と指摘しましたが、その驚きは、自己変容が唐突だからこそもたらされます。実際、カロッツィはデザイナーとして問題なく活躍していたにもかかわらず、たまたま頼まれたフラワーアレンジメントの仕事を機に、「これをやってみよう！」とキャリアを再編成しました。それは周囲にとってだけでなく、本人にとっても驚くべきものだったでしょう。通常の想像力からすると、ありえないルートの選択です。[74]

それが通常ではありえない選択をもたらしうるものである以上、この自己変容を好ましく思うこともあれば、しんどくて面倒くさいと感じることもあるでしょう。しかしそれは、心の余裕やタイミング、性格や慣れなどに左右されるものだと思います。少なくとも、ラファウやハイター、三浦さんやカロッツィなど、本書で挙げた人たちは、その自己変容を面白がり、進んで受け入れていたとだけ言っておきます。

何かにハッとするとき、自分の中で溜められ、休眠状態にある衝動がそのエネルギーを爆発させるがゆえに、自己変容（あるいは自己破壊）を経験します。とにかくここでは、しゃがみこんだ脚がバネになって高く跳ぶのと同じように、この自己変容は、溜められた力が表に出ることで生じる変化だという点を確認しておきたいと思います。衝動のこうした特性ゆえに、衝動から拵《こしら》えられた目的は、行動ひいては自己を書き換える力を持っているわけです。

衝動についてこれまでわかったこと

これまでにわかったことを整理しておきましょう。本章の問いは、**【どのようにして衝動を暮らしに実装するのか】**というものでした。それを、**【どうやって衝動から目的を生み出すのか】**と言い換えました。

本章で最初に確認したのは、衝動を暮らしに実装する際、「湧き起こる衝動を無視して他人の目的をやみくもに押しつけられたり、逆に衝動に何も考えずに従ったりすることは避けるべきだ」ということです。

衝動は人を突き動かす原動力として、行動に方向性は与えるが、具体的な目的地を与えるものではありません。目的は、衝動の力を借りながらも知性によって確立されるものであって、ひとりでに生まれるものではないのです。

そこで、衝動から目的や戦略を拵える知性の働きを、三つに分解して説明しました。ジョン・デューイによると、①環境の観察、②記憶の探索、③意味の判断という三つのステップに分けられます。環境の観察と記憶の探索を行き来しながら、事柄の意味を理解し、具体的な行動の計画につなげるということですね。衝動は知性と協力し合うことで、真価を発揮するわけです。これで**【どうやって衝動から目的を生み出すのか】**に対する一応の答えを出したことになります。

では、「目的」の性質とはどんなものでしょうか。何より重要なのは、目的やそれを実現するための戦略は、どこまでも成長していくことです。つまり、目的や戦略が修正されたり、別物に変わったりする可能性があるということ。衝動という日常の語感とは、ちょっと違った印象を受けるかもしれません。

目的や戦略が変わるだけでなく、衝動自体も変わる可能性があるという話もしました。そもそも、複数形の"impulses"で表現されるような形で人間は衝動を抱えており、その中には活用されずに溜め状態になっている衝動もあります。ハッとさせられる出来事を経験することで、溜め状態になっていた潜在的な衝動が表に現れ、どの衝動が優位に立つのかというネットワークが書き換わります。そして、それは自己のあり方を再編成する瞬間でもあるのです。

こうした経験は、人類が宗教という文化を通して経験してきたことと根本的に類似しています。具体的には、「回心」や「再生」の体験です。衝動のもたらす自己の態度転換は、共同体のイニシエーション（通過儀礼）がもたらすものや、宗教的な回心・再生と本質的には変わりありません。これまでの自分がなくなり、新しい自分へと生成変化していくような自己破壊、あるいは自己変容が生じるからです。[75]

筋の通った話をしてきたつもりですが、進路や生き方について悩んでいた人には、「キャリアデザインの本で読んだことと全然違うことが書いてある」と思った方もいるでしょう。自分の進路選択に悩むとき、あるいは会社の研修を受けたとき、キャリア教育とか、キャリアデザインという言葉にしばしば出会うはずです（これらの言葉を聞いたことがない方は、かなり計画性のある進路指導のことだと思ってください)。割と使い勝手のいい議論が多いため、大学生や会社員など多くの人が頼りにしています。次章では、衝動に基づく生き方を「キャリアデザイン」と比較することで、衝動とともにある生き方の特性を「計画/デザイン」の視点から掘り下げたいと思います。

コラム　**観察力の重要性——絵画観察のワークショップからOODAループまで**

①から③までの知性の働きは、広い意味で「観察力」と呼ばれているものだと考えられます。行動の指針を形作るものとしての観察力は、社会全体で近年非常に重視されているものです。ここでは二つの例を挙げることにします。一つ目は、絵画を通した観察力を鍛える試みが多方面で支持されているという動向です。『視覚的知性:知覚を鋭敏

にし、人生を変えろ（*Visual Intelligence: Sharpen Your Perception, Change Your Life*）』を著したエイミー・ハーマンは、絵画を通した観察力の研修を提供しています。[76]絵画を通して自分の個人的なバイアスや、自分の見たと思っていることを過信する傾向などに気づくもので、企業はもちろん、緊急性の高い職業（ＦＢＩやＣＩＡ、軍隊など）にも研修が提供されているそうです。こうした場で観察が重要視されるのは、曖昧な観察、曖昧な情報共有では危機や好機がみすみす見逃されかねないからでしょう。

同じような発想で、感性や美意識、直観や知覚を大切にし、育てるよう説く人は珍しくありません。日本語で読める書籍をベースに、ざっと挙げてみましょう。

ダニエル・ピンク『ハイ・コンセプト：「新しいこと」を考え出す人の時代』三笠書房、２００６

山口周『世界のエリートはなぜ「美意識」を鍛えるのか？：経営における「アート」と「サイエンス」』光文社新書、２０１７

クリスチャン・マスビアウ『センスメイキング：本当に重要なものを見極める力』プレジデント社、２０１８

楠木建・山口周『「仕事ができる」とはどういうことか?』宝島社、2019
末永幸歩『「自分だけの答え」が見つかる　13歳からのアート思考』ダイヤモンド社、2020
佐々木康裕『感性思考：デザインスクールで学ぶMBAより論理思考より大切なスキル』SBクリエイティブ、2020
神田房枝『知覚力を磨く：絵画を観察するように世界を見る技法』ダイヤモンド社、2020
佐渡島庸平『観察力の鍛え方：一流のクリエイターは世界をどう見ているのか』SB新書、2021
ポーリーン・ブラウン『ハーバードの美意識を磨く授業：AIにはつくりえない「価値」を生み出すには』三笠書房、2021

いずれも、広義の「観察力」を鍛えることを主張していると理解できます。もちろん、ここに示したのは、このトレンドのごく一部にすぎません。

二つ目の事例は、より基本的な考え方に関わるものです。ビジネスには、OODAループという発想があります。ＯＯＤＡは、組織的な行動の手順を表したアルファベットの頭文字からできています。つまりＯＯＤＡは、「観察 Observe→方向づけ Orient→意思決定 Decide→実行 Act」という手順のループを回すというものです。

ＰＤＣＡ（計画 Plan→実行 Do→評価 Check→改善 Action）は聞いたことがある方もいるでしょう。この手順が採用されるところでは、「上」の方、具体的には上司とか本社とか先生とかから、Ｐが降ってくる場合が多いでしょう（外在的アプローチ）。つまり、課題や目的についての裁量はほとんどない。言い換えると、ＰＤＣＡは、すでにやるべきことが決まっていて、その生産性（効率）を上げていくときには役に立つ考え方だと言えます。

しかし、状況が絶えず変化していたり、新しく目的を立ち上げたりするときに、いきなりプランを立てろ、見通しを持てと言われても難しいですよね。そういう場合、ＰＤＣＡサイクルはむしろ足枷《あしかせ》になります。それに、外側から与えられるのも窮屈だし、嫌々やらされる感じになる。それは望ましくなさそうだと。

そこで登場するのが、ＯＯＤＡループです。変化しつつある状況をたっぷり知覚・観察し、分析して計画を立てるプロセスを細分化し、それらの手順に十分なリソースを割く必要があるという発想がＯＯＤＡの特徴です。なんたってＰＤＣＡと違って、実行までに三つの手順があるわけですからね。

新しいテクノロジーの登場や社会構造の変化によって、激動の時代が訪れていると考えられるとき、ＯＯＤＡのような新しい発想を生み出すフレームワークが力を持ちます。こうしたところにも、広義の「観察力」の重要性が示されていると見ることができるでしょう。その意味でも、デューイが提示した知性の働きに関する三つのステップは参考になると言えるでしょう。

第五章　衝動にとって計画性とは何か

衝動に基づく生き方は何が違うのか

イングリッド・カロッツィやスーザン・ロジャースの事例を参考に、第四章では、衝動には「溜《た》め」があり、衝動が急な方向転換を引き起こすかもしれないという話をしました。だとすれば、衝動が導く流れの先に目的を拵《こしら》えて、それを生きるなんてことは一般人には真似できないと考える人が出てきても不思議はありません。

あれこれ論じてきたとはいえ、衝動を生活の中に取り込むことは可能だとしても、やはり難しいのでしょうか。衝動に基づく生き方にある程度の計画性が見えれば、カロッツィやロジャースのような、いかにもすごい人だけの話ではないと思えるかもしれません。

この論点を掘り下げるために、ビジネス書や自己啓発本でしばしば紹介される「逆算思考」や「バックキャスティング」を補助線にしたいと思います。逆算思考は、これまでの自分や今の自分から考えれば順当に成立する未来を思い描くのではなく、自分のなりたい姿、未来像、理想を置いた上で、逆算的に今するべきことを考えていく手法です。

けんすうさんの『物語思考』の表現を借りてみましょう。


人間、過去にやってきたことを惰性で今日してしまうことが多いから、なんとなく過去の自分に影響を与えそうな感じがしますが、現在の行動には未来になりたい自分のほうが影響を与えるんですね。[77]

「のほうが」と言える根拠は特に挙げられていないのですが、それはともかくとして、ここで言っていることはよくわかるはずです。

身近な例を想像しても、小中学校でテニスをやっていたからといって、高校で弓道部に入ったっていいし、小学校から大学卒業までずっと熱心に書道（あるいはピアノ）を習い続けていたとしても、習字の師範（あるいはピアノの先生）を仕事にせず空間デザインの仕事をしたって構いません。過去から積み上げて未来の意思決定をしようとすると、自分の過去から都合よい情報を雑にピックアップし、粗雑な因果関係を組み立てることがよくあります。

そういう自己理解は自分の人生を「それっぽい」ところに押し込めてしまうため、避けた方がいいでしょう。この種の罠《わな》を回避するために、逆算思考は確かに有効です。キャリアデザインと名のついた本を読めば、大概この手法への言及があります。

キャリアデザインの持つ、こうした逆算的な発想と対比することで、**【衝動にとって計画性とは何か】**ということをはっきりさせるのが本章の狙いです。無計画に思える衝動に基づく生き方と、計画が実際的にどういう関係を取り持っているのかということを論じていきたいと思います。

本書の考えとキャリアデザインは何が違うのか

未来から逆算的に自分のルートを思い描く「逆算思考」と、捉えどころがないのに自分をガラッと変えてしまう潜在性を持つ「衝動」を比べてみましょう。最も特徴的なのは、逆算思考(バックキャスティング)を用いるキャリアデザインには、計画や事前のルート設定をベースにした「設計的」なところがあるのに対して、衝動と付き合う生き方には、これまでの計画を捨てて、平気で別のルートへと踏み出してしまう「反設計的」なところがあります。[78]

ただし、キャリアデザインの本を実際に読めば、「計画」や「人生設計」と聞いて連想するよりも柔軟なことがわかります。例えば、スタンフォード大学のキャリアデザインプログラムは、人生には何通りものベストなルートがあると考えた方がよいし、思い通りにはいかないルートも思い描いた方がよいと勧めています。[79] つまり、「全く異なる人生のルートを複数考えるように」という助言ですね。

こうした一定の柔軟性を想定している立場でも、結局は設計的であることには変わりません。仕事観や人生観を確固たるものとして確立し、自分を「ブレない」ものにすることを重視しており、一人の人間の中に、一貫した自己や価値観を想定しています。[80] 一貫した自己を想定するからこそ、「人生の目的」や「本当にやりたいこと」という雑駁《ざっぱく》な言葉をなんとなく掲げがちで、キャリア講師たちは「人生の全体のプランを立てよ」と平気で口にします。[81]

キャリアデザインを支えているのは、結局のところ、コントロール願望です。私の人生すべてが計画通りであってほしい、自分で人生の全体をコントロールしたいと。それ自体は自然な思いなのですが、こうした人生設計は、自分の決定に自分自身が驚く可能性を考慮していません。考慮しないどころか、何か偶然の出会いを通して自己がすっかり書き換えられてしまうなどという事態は、設計からほど遠いという点で許容しがたいのです。

要するに、「キャリアデザイン」には、ラファウやマコーミックのような他者をハッとさせる佇《たたず》まいを持つ人が、あるいは、遊びに夢中の子どもやフリーレンのような趣味に満ちた生き方が入る隙間がありません。そういうものは、キャリアとして考慮する価値がないと言っているかのようです。それはずいぶん窮屈な話だし、何か重要なものを取り落としているように感じてしまいます。

キャリアデザインという考え方の性質

問題点について考えるために、キャリアデザインの特性について掘り下げることにしましょう。そもそもキャリアデザインは、「自分の人生を自分で設計する」ことを標榜《ひょうぼう》しています。その役割を果たすために、未来の自分が過去や今の自分と本質的に同質的であると前提せざるをえません。未来像から逆算するとしても、今の私が想定可能な範囲で考えるほかないという意味で、未来にいる自分は今の私と質的に同じです。従って、キャリアデザインは、自分の「溜め」を抑圧・無視した上で未来を思い描くことを暗に求めざるをえないわけです。

過去・現在・未来を同質的で連続的に思い描くほかないのは、人生の複数ルートを描かせるところにも理由があります。「どの人生のレールを走ろうか」と考えているとき、時間を超えて安定している自己を予め想定していなければ、人生という長距離のルートを評価する盤石な土台を用意できません。従って、キャリアデザインでは過去・現在・未来を貫く安定的で整合的な自己像が想定される傾向にあります。
「どのレールを走れば、本当にやりたいことができるだろうか」と複数の人生設計を評価する視点に立つとき、将来の自分が予期せぬ出会いによって別人のように変わり、自分の評価軸そのものが変化するかもしれないなどとは想像すらしていないのです。その意味で、キャリアデザインは、自分自身で驚くような変化の可能性を抑圧した先に成立するものだと言えるでしょう。

さらにもう一点。「あなたの人生はあなたの手で設計できる」と語った方が、オーディエンスを鼓舞できるという点は大きいでしょう。キャリア教育の講師たちが、「衝動に人生や生活の主導権を託せ」と語っているところはどうにも想像できません。受講生たちに「あなたが自分を全面的に掌握できることはない」と宣言しているに等しいからです。そういうわけで、分野の趣旨からして衝動のことをまじめに受け取りがたいのだと思います。

以上のように、あらゆる意味でキャリアデザインと衝動の折り合いはよくありません。そもそも、キャリア教育やキャリアデザインは、反設計的な衝動を悪魔《あくま》祓《ばら》いしたところに成立していると言えるかもしれません。

この姿勢が容認しがたいのは、キャリアデザインというコンセプトが「人生を『仕事』のように生きる」ことを要求しているところがあるからです。ここでいう「仕事」は、自分のすべての行動を特定の目的に従属させ、それに向けて課題を分割して計画的に事に取り組み、高いパフォーマンスや効率を出そうとする目的に駆動された生き方のことです。しかし、私たちの生活は、長期と中期の目的を設定し、それに沿うように戦略を立て、着実に実行していくような会社の通常業務みたいなものではないはずです。

人生を時間貸しの共有スペースに喩《たと》えている表現に出会ったことがあります。「私たちはただそこに住まうだけ」であり、目的が定められていないため、人は人生に対して「作業をほどこさなければならない」[82]。つまり、人生とは所有して統制できるものでもなければ、予め内在的な目標や価値が埋め込まれているのでもなく、自分で目的作りを試行錯誤する場なのだというのです。それを逸脱すれば、生きる甲斐《かい》がなくなってしまうような、予め設定された「目的」も「レール」も、人生にはありません。キャリアデザインは、こうした計画放棄、遊びや脱線、偶然の逸脱を「ノイズ」や「無駄」として退ける傾向があるのです。

衝動は計画性をどう取り込むのか

それでは、衝動に基づく考え方はどんな性質を持っているでしょうか。キャリアデザインと違って、衝動から目的を拵える生き方は、過去や未来を基準に決断しません。「将来報われそうだからこれがいい」とか、「自分は必死にこのために学んできたのだから、こういうキャリアがぴったりだ」といった発想は、衝動に基づく生き方からほど遠いものです。

では、今の楽しさだけを考える刹那主義かというと、そうでもありません。第四章で論じたように、目的や戦略を重視しています。世間的に見て標準のルートでなかったとしても、今の自分に思いつくベストな目的のために、今ベストだと思う戦略をひたすらに選び続けます。ただし、急な方向転換や自分のあり方の変容に開かれているのですが。

YouTubeなどを見ていると、物心つくかつかないかくらいからギターやドラムを触り続けて、驚くべき技量を発揮する子どもの映像を見つけることがあります（ミュージシャンとして活躍している崎山蒼志さんは、かつてそういう子どもの一人でした）。ここで注目したいのは、その無我夢中ぶりです。とにかく夢中になっているとき、これまでやこれからの自分のことなど考えていません。結果として、効率や世間が思う標準のルートは視界にないのです。それに触れることが楽しくて仕方がなく、遊びのような感覚でまっすぐ取り組み続けます。

そしてここが重要なのですが、キャリアデザインの設計主義的な発想は、この遊びの感覚を台無しにしてしまうところがあるのです。逆算思考で目的を頑強に設定して、それに最適化された活動にすることは、「遊び」を損なってしまいます。

繰り返しますが、衝動は全くの無計画ではありません。前章で述べたように、知性によって衝動に働きかけることで、具体的な予測に基づいて目的や計画を組み立てることができますし、その作業を避けることはできません。計画は確かに必要です。では、何をどこまで計画し、どこからは計画的でないのでしょうか。

再びスーザン・ロジャースの事例で検討しましょう。彼女は、離婚後に音楽業界で仕事をしようと思い立ち、音響技師を目指しますが、そのためにひとまず音楽大学の事務職員になります。そこで聞いた会話から、保安技術者を目指すのがよいと気づき、友人の勧めで機械工学の書籍を手に入れて、現物を触れないままでもひたすら読み込みます。たまたま募集のあった見習い技師の募集に申し込み、そこから音楽関係の仕事を得て、次第に安定した仕事を得ていくことになります。プリンスのスタジオで録音技師として働くようになり、しばらく彼と仕事をした後で、音楽プロデューサーとして活躍します。

世間がイメージする標準的な成功へのルートではないという意味では、全く計画的ではありません。しかし、ここにはロジャースなりの計画や戦略がないと言うとウソになります。彼女は、その都度ベストだと思える進路を彼女なりの計画性で突き進んでいます。

具体的には、彼女にはその都度はっきりとした目的があります。音響技師、保安技術者、録音技師、音楽プロデューサーと変化はしますが、その都度いつも目的は明確です。そして、それぞれの目的を実現する戦略をしっかり立てています。ロジャースの行動は世間的に見ると支離滅裂かもしれませんが、実際には彼女なりの柔軟な一貫性があるのです。

自分の偏りや特性に基づいた計画性

ローズとオーガスの力を借りて、もう少し具体的に彼女なりの計画性の秘密を明らかにしてみましょう。彼らが何よりも強調するのは、「平均人」「標準化」「まっすぐなレール」という発想を捨てること。その上で、抽象的に自分やキャリアを捉えるのではなく、自分の多面性をもっと具体的かつ詳細に理解した方がよいと言うのです。これは、本書の第四章で語ったことと重なっていますね。

実際のコメントを拾ってみましょう。彼らによると、ロジャースのような生き方が可能になったのは、彼女が自分と機会を実に具体的に理解していたからです。

音響技師になる希望を抱いて受付の仕事に就いたとき、スーザン・ロジャースはゲームでサイコロを振るように運を試したのではない。多面性のある特定の機会を、多面的な個人として熟慮したのだ[83]。

目の前にある機会も多面的であり、私たち自身も多面性を持っている。そうしたものの組み合わせとして自分の人生を捉えた方がいいのに、リスクやキャリア、人生設計という言葉は、機会や自分を誰にとっても同じフラットで平均的なものとして捉えてしまう。世界には「平均的な機会」もないし、「平均的な人間」もいないにもかかわらず。

このことを説明するのに、ローズとオーガスは「フィット」という見方を持ち出しています。それは、今の自分という人間の特性や偏りを踏まえた上で、（ロジャースのように）戦略的に努力を積み重ねた先に見えてくる「しっくりくる」感覚のことです。第三章に倣って「心地よさ」と言っても構いません。

ラマンが成功したのは、ずば抜けた数学の才能に恵まれ、その才能によって逆境を乗り越えたからではない。彼が成功したのは、自分の偏愛にフィットする機会を選択し、そうして自分の強みに適した戦略を自ら選んだからだ。別の言葉で言えば、他のどのダークホースとも同じように、どうすれば自分にとって最も大切なことでその道を極められるか、その方法を割り出したということだ。[84]

T・V・ラマンは、視覚障害者としてはじめてインド工科大学を卒業し、その後コーネル大学大学院に進学してコンピュータ科学の博士号までとった人物のことですが、その詳細は措《お》いておきます。他ならぬ自分の特性や偏りにフィットする機会を選ぶことのほかに正攻法はないとローズたちが示唆していること、これを読み取っておきたいと思います。

平均的な人が歩みそうなレールではなく、今の自分の特性や偏りにぴったりくるかどうかで物事を判断しながら、自分の目的や戦略を決めていく姿勢がここにあります。つまり、ローズとオーガスが上記の引用で語っているのは、今の自分の個人的な偏りや特性を意識しながら、知性を働かせようということです。

フィットする目的と戦略を設定できるかどうかは、自分と状況の平均化できない部分（＝自分の偏愛）を、どれだけ解像度高くみられるかにかかっています。ロジャースは、自分と状況の解像度が上がる度に、目的と戦略を変えていました。場合によると、キャリアの放棄すら選ぶほど、彼女は衝動のことをよく見ていたのです。ここで重視しているのは、目的やそれを実現する手段よりも、それが自分の衝動が伝えている方向性にどれくらいフィットしているかを問い直すことにほかなりません。

リスクとは、自分の個人的な偏りに適合しない生き方のこと

これまでの話を聞いて、「やはり衝動は危険な道に続いているのではないか」「一般人には難しいのではないのか」と、同じ疑問で食い下がる人がやはり出てきそうですが、こういう疑問に対して、ローズたちは決定的な回答をしています。

〔標準的なレールという〕まっすぐな道をたどることが、成功するための最も安全なルートだという幻想が作り上げられてしまった。しかし実際のところ、そのルートが安全だと言えるのは、あなたが既存の「鋳型」に自然にフィットするごく少数の幸運な人々のひとりだった場合のみだ。それ以外の場合は、〔……〕あなたの個性と既存の「鋳型」の間にギャップが発生する。そして、そのギャップにおいて純粋かつ完全なリスクが表出するのだ。[85]

彼らの回答はこういうことです。リスクがあるとすれば、自分という人間が持っている固有の偏りや特性を無視して生き方を決めることの方ではないか。横並びで標準化されたレールを歩いて、安全だと思っているかもしれないが、その方がかえって危険なのではないか。

自分にフィットしない成功例や筋道に縛られていても、自分を無理に標準に合わせて切り詰めることにしかなりません。具体的で特殊な一人の人間として自分をまなざし、自分がどういう妙で偏った部分を持っているか、第三章で語ったようなセルフインタビューを通してじっくり明らかにしていくのがいいように思います。

それでわかったことを踏まえて、自分にフィットしない選択肢を選ぶようなリスクを避け、自分の個人的な偏りや特性にぴったりくる生き方を選ぶこと。平均的な機会や平均的な自分を想定せず、自分のキャリアを作ろうとする発想は、私の調べた限り、キャリアデザインには見出しがたいものです。でも、特徴も変化もない人生を前提とする議論は、自分の偏愛や衝動を軽んじている点で、私には危うくも拙くも見えます。どの選択肢が自分の偏りにフィットしないか／しうるかを判断する指標は、衝動が突き動かす方向性にあり、これを見逃さずにいたいものです。

実験的に試行錯誤するという計画性

結局のところ、衝動に基づく生き方に計画性があるとしても、それは世間の人がイメージするような計画性ではありません。衝動に基づく生き方では、目的と戦略は、衝動の進む方向に合わせて弾力ある成長を遂げるものとして想定されます。

衝動に基づく生き方にとって、目的はゴールではありません（し、戦略にこだわりません）。目的や戦略は、衝動が導く方向性にフィットする仕方で、気軽に選び直されるものだからです。このことが、世間的な「計画」のイメージとの間のギャップをもたらしているのだと思います。

衝動には持続性があると第一章で指摘しました。しかしその持続性は「特定の目的や戦略へのこだわり」という形をとりません。むしろ、「手元の目的や戦略に色々な訂正・変更を加えながら進む」という試行錯誤の形をとります。大事なことを実現するためなら、特定の目的や手法にこだわらず、柔軟に実験していけるという特徴があるわけです。

本章で語ってきた衝動と計画性の関係は、実験に取り組む科学者が仮説を扱うときのような計画性だと言えるかもしれません。衝動が私を連れていく方向性――つまり、直観が告げる方向性――は維持したまま、具体的な達成目標や手法となると、柔軟に修正や変更に開かれている。そういう実験精神で特徴づけられた計画性です。もちろん、衝動そのものが変わってしまう可能性を許容しながら。

具体的には、「目的」のレベルだと、偶然の出会いに敏感で、それが自分にしっくりくると判断すれば、さっぱりと目的を乗り換えるような柔軟な計画性。そうした目的を実現する「戦略」のレベルだと、世間的に「正しい」とされているやり方や戦略をそのまま採用せずに、自分の個人的な特性や偏りに合わせてカスタマイズする計画性。

以上で**【衝動にとって計画性とは何か】**という問いへの答えが出たことになります。第四章で述べた通り、衝動は計画性なくして実践することはできません。しかし、積み上げ的で完全に一貫した計画性というよりも、衝動の方向性を最大限優先するがゆえに、訂正や変更に最大限開かれた計画性です。つまり、衝動に基づく生き方は、達成目標やそのための手段は特定のものや標準的なものにこだわりません。ある衝動が別のものに入れ替わることすら、ここでは許容されています。このように、衝動にとっての計画性は、衝動の導く方向性に向けて、どこまでも実験的な試行錯誤を続ける姿勢を指しているのです。

衝動についてこれまでわかったこと

これまでにわかったことを整理しておきましょう。衝動は、内から湧き起こる長期的な動機であり、モチベーション的な言葉遣いでは把握しきれないものです。そして、衝動は、当事者がちょっとした思いつきで変更できるようなものではなく、幽霊に憑かれたときのように衝動自体が行動を駆動していくところがあり、従って、自分自身で驚くような行動を選ばせる力があります。

しかし、捉えどころがなく思える衝動も、なんとか理解していくことはできます。具体的には、特定化された個人的な偏愛を、落ち着いた状況設定で行われるセルフインタビューを通して、あれこれ解釈していけばいいのです。しかし、解釈された偏愛、すなわち衝動は、あくまでも潜在的に適応先をいくつも持つ状態を指すので、どのような形で発露させるかということには選択の余地があります。

だからこそ、目的や、それを実現する戦略は多様な可能性があります。衝動との関係において目的や戦略が存在している以上、一つにこれと示せるような仕方で、目的や戦略を指定することはできません。その意味では、衝動には計画性がないということになりそうですが、実際にはそうとも言い切れません。

確かに、過去・現在・未来を貫く一貫した安定的な自己を想定するキャリアデザインのような厳格な計画性や設計性はありません。しかし、衝動に基づく生き方は、自分の個人的な偏りや特性にフィットするような目的や戦略を選ぶために、何度も試行錯誤するという特徴があります。そして、こうした試行錯誤をする都度、自分個人の特性を踏まえてベストな目的と戦略を選び取るという意味では、衝動に基づく生き方には計画性が欠かせません。

目的レベルだと、そちらの方がしっくりくるなら目的を修正・変更することを厭《いと》わない柔軟な計画性です。そして、戦略レベルだと、世間的に「正しい」とされているやり方や戦略をそのまま採用せずに、自分の個人的な特性や偏りに合わせて成長する計画性です。衝動に基づく生き方の計画性は、自分個人の偏りや特性を踏まえ、目的や戦略をあれこれ試し続けることそのものなのです。

コラム　社会的成功と結びつけない

ローズとオーガスの『Dark Horse』から多くの事例をとっていることから、いわゆる社会的成功者や職業的な成功者を念頭に置いて読んでしまっている方も多いかもしれません。その場合は適宜、フリーレンやラファウのような事例、つまり、他愛ない遊びに夢中になる人物や、そのために人生の持続性を棒に振ってしまうほど何かに賭けている人物を思い浮かべ、バランスをとってほしいところです。

そうした漫画などの事例を多く用いたのは、一般社会では職業的な具体例を多く見つけることはできても、他愛ないことに夢中になっていて、しかもそれをSNSで他者に気に入られるようアピールしていないような人を探すのが難しかったという事情もあります。本書は世間が「成功している」とみなすものの尺度を気にしないでいるために、衝動の力を借りようという趣旨なので、社会的成功や職業的な文脈に限らない、多様な想像をしてもらいたかったのです。

ちなみに、ダークホース・プロジェクトが社会的成功者にだけフォーカスを当てたのは、研究上の制約もあるだろうと思います。衝動に基づいて生きた結果、標準的ではない道を行き、満足いく暮らしをしている人物を、何の指標もなく漠然と探すのは明らかに困難です。見つけるための手がかりが乏しい。他方で、「社会的成功者」とされている人物は、適当な業界の定評ある賞の過去の受賞者一覧でわかりますし、名前がわかれば経歴などをリサーチできるし、受賞者ともなれば取材を受けたことがあるかもしれません。つまり、潜在的な調査協力者を見つけやすいという利点があるわけです。

こういう手がかり抜きにどうやって調査協力者を見つけるのか。どんな基準を用意すれば妥当と言えるのか。いずれにせよ、合意可能な基準を設けることは相当難しいはずです。だから、ダークホース・プロジェクトがひとまず社会的成功者に絞って調査したというのは、避けられないという意味で、ベストとは言えないにしても十分許容できる調査方針だったと思います。しかし、私たちは社会的成功や職業的文脈にこだわる必要がありません。その点は繰り返しておきます。

社会的成功から衝動を切り離すのは、おそらく「幸福／ウェルビーイング」という論点からも理解することができます。つまり、成功と幸福を区別して捉える必要があり、後者の観点から考えるために、衝動について語ってきたのだと。幸福論に関心がある方は、森村進『幸福とは何か：思考実験で学ぶ倫理学入門』（ちくまプリマー新書、201

8）、青山拓央『幸福はなぜ哲学の問題になるのか』（太田出版、2016）などを見てみてください。

もう一点。「衝動がなくなることはあるのか」という論点もここで拾っておきたいと思います。例えば、整理整頓への衝動を持っている人が、あるときそれに対する熱量を失って、どうでもよくなるということはあるのか。十分ありうることですが、いくつかの可能性があります。

まず、衝動が再編成され、衝動の優先順位が入れ替わり、自分を突き動かす原動力のパワーバランスが変わったので、見かけ上、従来の目的に対する熱量が失われているように見える。例えば、片づけコンサルタントの人が、初めて子どもを産んで子育てに追われているとき、おそらく片づけへの熱量を従来通り維持している場合ではなく、子どもとの関係性に衝動の力が集中するということはありうるはずです。ただしこの例は、衝動そのものの変化とみるか、衝動は同じだが適応先が違うとみるかは、解釈の余地があることに注意してください。「子どもの育ちの環境や、その子の認知的環境を整理することに衝動が向いている」と理解しうるものかもしれません。

次に、強い欲望を衝動だと誤認していた可能性。カードゲームにハマっていたときの私は、きっとこれを「衝動だ」と言い張ったでしょう。基本的に、強さと深さは取り違えるものだと思っておいた方がいい。体感によってこれらは区別できないのだと思います。これら二つは、あまり問題にならないケースだと言えるでしょう。

そして、これらとは違う場合として、バーンアウト（燃え尽き）や抑うつ状態の可能性もありえます。こういう状態では、欲望を喚起する感受性が鈍ってしまい、「え？こんなことをこんな熱量で？」という営みを持っていたとしても、それを手放してしまいます。あまりに多忙だったり、ストレス要因が続いたりすると、心が摩耗してしまうのも仕方ありません。この場合は、自分一人で衝動の解釈をしようとせず、臨床心理士や精神科医の力を借りてください。バーンアウトや抑うつ状態にあるときは、こわばって無になった心をマッサージしながら、新たに欲望を立ち上げ直すリハビリテーションの期間が必要であり、こういう専門職の人たちはそのプロセスを一緒に走ってくれます。

第六章　どうすれば衝動が自己に取り憑くのか

自分を「感じやすいメディア」にする方法

第四章や第五章では、野放図に動きかねない衝動を乗りこなすために、具体的な行動の計画に結びつけるやり方について論じました。このような具体的な話をしておきながら、積み残していた問いがあります。そもそも、【どうすれば衝動が自己に取り憑《つ》くのか】という問題です。しかし、この表現は漠然としているので、問いに取り組むための次のステップが見えてきません。もっと見通しのいい言葉選びを探してみましょう。

相性のいい見立てには、鵺《ぬえ》のように捉えどころのない謎の輪郭を明確にする力があると序章で指摘したように、ここでも助けになるのはメタファーです。喩《たと》えの力を借りて、問いの方向性を明確にしたいと思います。

衝動は、行動の強力な原動力になったりもするし、自分でもコントロールしきれない野放図さを持ったりもするという話をしました。自分のものでありながら、自分のものになりきらないという二面性があると。自分を内側から突き動かすのに、自分の外側からやってきたかのように感じられる。この感覚を、「幽霊」「取り憑く」「憑依《ひょうい》」などの言葉はぴったり表現してくれます。

しかし、衝動を幽霊に喩えるメタファーに従えば、「幽霊が自分に憑くかどうかを選べないのだから、衝動が自己に取り憑く瞬間を捉えることなどできないのでは？」と考えたくなるかもしれません。そうすると、**【どうすれば衝動が自己に取り憑くのか】**という問いは、解けない問いなのでしょうか。

幽霊と同様に、衝動は確かに捉えどころがありません。しかし本書では、衝動が自分に憑依する瞬間をおさえることは可能だと考えてみたいのです。憑依しやすい条件を整え、衝動が自己に取り憑きやすくすることはできるはずだ。だとすればその条件は何なのか。それについて考えてみたい。

実際、多くの宗教文化において、憑依の瞬間を捉えることは可能だと考えられています。「シャーマン」「巫女《みこ》」「霊媒」などと呼ばれてきた人々を思い出してください。そういった人々は、通常の人々にはない超現実的なものを感じる敏感さ、つまり「感じやすい身体」を持っていると考えられてきました。

このアナロジーで考えれば、シャーマンが敏感な知覚によって霊的存在を降ろした（と考えられた）ように、シャーマン的な感性を持つことができれば、私たちもその身に衝動を降ろすことができるはずです。自己のあり方を「感じやすい」ものに変えることができれば、衝動の口寄せができるのではないか。そこで本章では、**【どうすれば衝動の口寄せができるか】**という疑問に取り組みます。このように、衝動を幽霊に見立てることで、どういう路線に発想を飛ばすとよさそうかが見えてきます。

問いを掲げた上で、よりよい言葉選びを模索してきましたが、最後の表現では比喩に寄りかかり過ぎている――問いに直接比喩が混じっている――ので、もう一声、問いを言い換えてみましょう。さほど知られていませんが、英語の〝medium〟（複数形だとmedia）は、「媒体」「媒質」とともに、巫女や霊媒などの「口寄せをする人々」を意味しています。つまり、口寄せとはメディアのことにほかなりません。そうすると、本章で取り組むのは、**【衝動を感受しやすいメディアに自分を変える方法とはどんなものか】**ということになります。

感じるのを控える現代人

しかし、そもそも論を思い出す必要があります。私たちは、空気を読み、忖度《そんたく》し、同調圧力に負けながら生きています。「こういうものだ」という常識に簡単に絡めとられている。何かの手段のためにやっているはずのことも、「こういうものだから」と飲み込む。なんのためにやっているかわからなくなっても、嫌になってきても、心の声を抑圧してまで現状を維持しようとします。

要するに、「感じやすい身体を作るには?」「衝動への感受性を持つには?」といった問いの手前で、日々の忙しさにかまけて、考えるのを控え、感じるのを控えている自分に直面せざるをえないのです。そんな状態では、人生を見失い、「なんのためにこんなことやってたんだっけ?」と自問したくなる境遇に陥りかねないと考える人は数多くいます。本書で言及してきたのは、そういう人たちです。

こういう問題に経営学の道具立てで取り組んだ人がいます。破壊的イノベーションに関する研究で知られるクレイトン・クリステンセンです。本章で最初に取り上げたいのは、彼が経営学や意思決定に関する知見を活用して書き上げた『イノベーション・オブ・ライフ:ハーバード・ビジネススクールを巣立つ君たちへ』という人生論で、ジェームズ・アルワースとカレン・ディロンとの共著作です。この本は、衝動への感受性を考える手がかりをくれます。

本書の執筆動機は、優秀な卒業生たちの一部が破滅的な私生活やビジネス上の不正へと至るということを真剣に受け止めたことだそうです。なぜ優秀な人が人生を見失い、ろくでもないことをしてしまうのかという問い。クリステンセンは、本書でこれに向き合いました。

原題は『どうやって人生を測るか（*How Will You Measure Your Life?*）』。経済学が大事にしている数値化や計測可能性に引っかけて「測る」という単語を使いながら、人生の価値を評価する尺度を問題にするというレトリックの効いたタイトルです。つまり、どのような基準でキャリア（進路）を評価していけば、破滅的な人生を送らずに、幸せに生きていけるだろうかという問いに、この本は取り組んでいるわけです。

結論を先取りするなら、クリステンセンの議論には足りないところがあります。しかし、自己を敏感なメディアに変える方法（あるいは衝動の降霊術）について考える上で、彼の議論はいいスパーリング相手になります。そういうわけで、「感じやすい身体」つまり「感受性」を復権するための理路を探る上で、クリステンセンの議論を私たちに必要な限りでおさえたいと思います。

クリステンセン『イノベーション・オブ・ライフ』の見方

クリステンセンは、『イノベーション・オブ・ライフ』の序盤で、「衛生要因（hygiene factors）」と「動機づけ要因（motivation factors）」という言葉を導入しています（元々は、心理学者のフレデリック・ハーズバーグの概念です）。自分の進路について悩んでいる人が、意思決定をする上で様々な理由を考えるはずですが、そうした理由をクリステンセンは「衛生要因」と「動機づけ要因」に分類しました。

衛生要因は、不満を生み出す要素のことです。「不満が取り除かれたなら、精神衛生的にいい感じだ」というノリの命名だと思います。人にもよるでしょうが、「（金銭や評判などの）待遇がいい」、「リモートワークができる」、「労働に裁量がある」、「職場の人間関係がギスギスしていない」などが、その具体例と言えるでしょうか。ちなみに、衛生要因の典型は、モチベーション2・0（＝インセンティヴ）、特に「収入」だとクリステンセンは考えています。[86]

それに対して、動機づけ要因は、第一章で紹介した「モチベーション3・0」、つまり内発的動機づけに相当しています。誰かに強制されたからでも、生理的な欲求だからでも、インセンティヴがあるからでもなく、内側から湧き上がってくる「やる気」によって駆動されている状態です。
さて、クリステンセンは、はっきりした理由を持って二つの要因を峻別《しゅんべつ》しています。一般には満足と不満は連続した一つのシステムだと考えられているけれども、実際には、動機づけ要因と衛生要因は「別々の独立した尺度」だからです。[87] だから、しっかり二つを区別する必要がある。その上で、キャリア選びの基準は「動機づけ要因」に置いた方がいいと彼は強調します。
待遇（衛生要因）を理由に一旦は仕事を選び、お金が貯まったらやりたい事柄（動機づけ要因）に取り組もうと語る人もいるでしょうが、クリステンセンによると、このやり方には問題があります。「学生ローン（奨学金）を返済したら、元々やりたかった仕事に……」などと思っていても、今の生活をランクダウンすることができなくなったり、なんとなく言い訳をしたりして結局は金銭的に儲かる仕事をやり続けることになるからです。「真の動機づけ要因ではなく、衛生要因につられて仕事を選んだ結果、罠《わな》から抜け出せなくな」るのです。[88]
大抵のキャリアの悩みは、これで見通しがよくなるだろうと思わせるくらいには、使い勝手のいい議論です。しかし私たちは、「モチベーション論では足りない」という話をしてきたはずです。だったら、動機づけ要因で喜んでどうこうという話では済まない水準で議論をする必要があるはずです。

クリステンセンの議論が持つ〈内向きの流れ〉

そもそも、クリステンセンの議論には、注意すべきところがあります。同じ本の別のところで、自己の外側の要因と内側の要因をくっきりと分けた上で、「外側の要因によって動機づけはあまり影響を受けないので、内側をじっくり探査しなさい」という趣旨のことを述べています。[89]〈内向きの流れ〉だけを強調する傾向にあるのです。

『イノベーション・オブ・ライフ』は、煎じ詰めれば、自己啓発系のセミナーや書籍にありがちなメッセージに帰着してしまうところがあります。具体的には、「ノイズに左右されずに、自分の情熱に従え」「金銭や名誉ではなく、自分の大切なものに向き合いなさい」というようなメッセージに。こうした考え方は、情熱や大切なものが明確に定まっていること、それが揺らいだり変化したりすることはないこと、自分と向き合えば自然と答えが定まるはずだということを暗黙に想定しています。しかし、こうした前提はどれも疑わしいものです。[90]

彼の議論にはほかにも問題があります。彼は自分の議論を強烈に信じていたようで、動機づけ要因をほとんど絶対視していました。[91] しかも時間や経験によってモチベーションは変化することがほとんどないはずであり、従って自分の心に向き合ば「本当にやりたいこと」が見つかるはずだと考えていたのです。キャリアデザインを批判する文脈で語ったように、時を超えて安定的で一貫した自分がいると無根拠に想定しなければできないタイプの議論です。

動機づけ要因にのみこだわるクリステンセンは、〈内向きの流れ〉だけに絞られたレトリックに終始しています。しかも、自分の心を実体として捉え、世界や出会いによって質的に変わることのない不変の存在と捉えてしまっています。彼は自己の内奥だけに注意を払っているので、自己がどれほど世界や他者と緊密につながり、どれほど深く影響を受けているか、それによってどれほど書き換えられるかということに気づいていないのです。

だとすれば、私たちはクリステンセンと違って、外側に手がかりを求めるべきではないでしょうか。一度そちらに議論の舵を切ってみましょう。

自分の内側と外側が浸透し合うという視点

〈内向きの流れ〉だけを見ていても、衝動の生成につながらないので、〈外向きの流れ〉への敏感さがある程度必要だという話をしていました。自分の外にあるものを切り捨てるのではなく、そこにあるものをちゃんと知覚・感受することが確かに必要です。

クリステンセンが自覚している範囲で語っている理論の言葉に惑わされず、『イノベーション・オブ・ライフ』をよく読むと、実際の彼自身の生き方は、他者や環境に対する開かれた姿勢を持っていたらしいことがわかります。クリステンセンの理論的な言葉——動機づけ要因などについて抽象的に語るとき——が〈内向き〉であるのに対して、自分の経験や目にした事例を語る言葉をよく観察すれば、同僚や友人から生き方のヒントを多くもらう感受性豊かな雰囲気が見られます（しかし、それは無意識にやっていたことであって、彼自身はその矛盾に気づいていなかったでしょう）。つまり、実生活の彼には〈外向き〉な要素もあったのです。しかし、彼の理論の言葉はそのことを無視し、抑圧しています。

〈外向きの流れ〉から影響を受ける感性が衝動の生成にとってとても重要であることは、遊びについて考えればすぐに納得できるはずです。遊びに熱中しているとき、自分の外にあるものが自分を引っ張るように誘われている感覚を抱いています。ある活動に夢中になっているとき、誘惑されたように惹《ひ》きつけられ、目を逸《そ》らせなくなっているわけです。外なる対象に自分の感受性が巻き込まれているのです。

詰め将棋を何時間でもやるとか、アリをずっと眺めているとか、本を夜通し読んでしまうとか、畑の脇に夢中で秘密基地を作るとか。そういうときは、自分の外側にある対象——秘密基地作りなら、工具や素材、畑の周囲の木々、大地など——に、合理的に「説得」されて没頭しているわけではありません。そこに理に適《かな》った理由があるからではなく、自分が取り組んでいる活動を成り立たせている環境のあちこちに、色々な「誘惑」があるからこそ、秘密基地作りに夢中になっているはずです。

独立研究者の森田真生さんは、このことを次のように説明しています。

> 自分の内側にモチベーションのきっかけがあるというよりも、環境のあちこちにモチベーションの芽が散らばっている。僕たちが心だと思っているものは、記憶にせよ、行為の動機にせよ、意外と自分の周りにも広がっているのかもしれない。[92]

自分の関心のすべてを、衝動に持っていかれたときの感覚を思わせるような語りです。ある活動を成り立たせている環境のあちこち散らばった「誘惑」に、心が奪われている状態。

森田さんが語っているのが、〈外向きの流れ〉だけではないことに注意してください。自分の内側に閉ざされて存在していると思っている「心」が、自分の外側に沁《し》み出すように世界と呼応し合っている。そんな内と外が相互接続した状況を念頭に置いているわけです。だから、ここに至っては、〈内向きの流れ〉も〈外向きの流れ〉もありません。いくつかのチャンネルを通して、心と世界は浸透し合っているからです。[93]

緩衝材に覆われた自己と、多孔的な自己

心と世界が相互浸透するあり方を掘り下げるヒントは、「自己」概念をめぐる考察の中にあります。文学研究者の小川公代さんは、カナダの社会理論家であるチャールズ・テイラーに依拠しながら、自律的で確固たる個人イメージを持つ「緩衝材に覆われた自己（buffered self）」と、他者との相互性に開かれた緩やかな個人イメージを持つ「多孔的な自己（porous self）」とを対比しています。[94] ここから手をつけましょう。

前者の「緩衝材に覆われた自己」は、自己が膜に覆われているイメージです。自分の内と外を截然《せつぜん》と分けて、外側からやってくるものをノイズとして退け、代わりに自分の内側にあるものを純粋に尊重しようとする。近代社会が育ててきた「確立された市民＝個人」のイメージで、この考え方はクリステンセンにも共有されています。それに対して、後者の「多孔的な自己」は、「多孔質」、つまり自己の境界を形作る部分のあちらこちらに穴が開いていて、外側の世界と絶えず交渉しているようなイメージです。

小川さんは後者の多孔性が「他者への想像力」につながる点を高く評価しています。この章の冒頭で、「自分を感じやすいメディアにするにはどうすればいいか」という問いを掲げましたが、多孔的な自己とは、自分が「感じやすいメディア」である状態を指していると言えます。「なるほど」と思った人もいるかもしれませんが、ここまでは、すでにある議論を「多孔的な自己」という言葉で言い換えたにすぎません。大事なのはここからです。

自己が世界と接する堤防のあちこちに穴が開いていて、そこから水が入り込んでくる状態は、よくもわるくも「他者から影響を受けやすい」状態だと言えます。つまり、多孔的な自己（＝感じやすいメディアとなった自己）には、功罪両面あるのです。

自己が感じやすいメディアになることのマイナス面

世界と心が相互浸透する状態、つまり、自分が多孔的で感じやすいメディアになっている状態のマイナス面とプラス面について考えたいと思います。ここでヒントをくれるのは、やはり小川公代さんです。

ノーベル文学賞を受賞した大江健三郎さんの小説[95]を例に、小川さんは、多孔的な自己であることの仄暗《ほのぐら》さに言及しています。主人公の弟である根所鷹四《ねどころたかし》は、アメリカから四国の森に帰ってきたところ、「犬の魂」が自己に侵入します。それをきっかけに彼の暴力傾向は加速し、最終的には破滅的な暴力行為に手を出します。つまり、脆《もろ》くて繊細な感受性は、邪悪で危ういものを受け取ることもできてしまう。

大江さんが「犬の魂」という超自然的なモチーフを使いながら、自分を暴力に駆り立てるものが人に侵入することがあるということを描いたように、自分の心が世界と相互浸透する状態にあること（＝多孔的な自己であること）には、マイナスの面があります。他人の言葉やそれっぽい意見に自分の判断や行動の決定権を預け、自分を乗っ取らせてしまうことは珍しくありません。

実際、自分の心の壁を乗り越えて侵入してきたものが、自分を妙な方向へと巻き取っていくという感覚は馴染《なじ》み深いもののようです。例えば、小説家・西尾維新さんの「物語」シリーズは、ほとんどこれがテーマだと言えるくらいですし、日曜朝の定番アニメである「プリキュア」シリーズには、外部から超常的な働きを感受してしまい、悪気なく暴れ回る敵役になってしまうというシーンがしばしば出てきます。

関連書籍全体で4000万部を超える大人気シリーズの『転生したらスライムだった件』でも、主人公と対立するのは、大抵、暗躍するフィクサーにそそのかされ、他人に言葉や思考を乗っ取られたキャラクターたちです。歴史的に存在感のある例も出しておくと、聖書の福音書にも、イエスが人々の心から悪霊を追い出すシーンが何度も出てきます。心と世界が相互浸透するイメージは、実は人間の文化にとって身近なものだと言えるでしょう。

ちなみに、相互浸透性を語るとき、マイナス面がしばしば取り上げられるのは、実際にそうしたことが私たちの身の回りで起きているからだと思います。特に不安や恐怖に苛《さいな》まれているときを想像してみてください。私たちは不安で余裕がないときほど、周囲から悪影響を受けて、誰かや何かを、あるいは自分を傷つけるような行動をとりがちです。

あるいは、ハラスメントが常態化した上司や先輩の下で育てられたために、自分も後進を育てるときに抑圧的になってしまうとか、否定的な親に育てられたために、自己否定や卑下を口にすることが習慣化されてしまうとか、そういうことも珍しくないでしょう。

ちょっとした行動で「善なるものを招き入れる」

警戒心を抱かずに心を開けっ広げにしていると、誰かの言葉や感情に自分を乗っ取られ、妙な衝動に自分を再編成されかねません。そう聞けば、自分を堅牢《けんろう》な壁や膜で覆って、守りに入りたくなるかもしれません。外から入ってくるものをシャットアウトすれば、自分の純粋さを守ることができ、一人の確立された個人（＝緩衝材に覆われた自己）として立つことができるはずだと考えて。

しかし、自分自身しか自分を支えるものがない人は、かえって簡単に転びます。というのも、実際には、世界（他者や環境）から何の影響も受けないでいることは不可能だからです。人は自分の外側からこれまで影響を受けてきたし、今も受けているし、これからも受け続ける。殻に閉じこもるイメージは、この現実をあえて無視して抑圧することで、自分に色々な無理を強いてしまうのです。

だから、「自己のあり方」を実情に即したイメージに転換することが重要です。「そもそも、自己には外から色々なものが入ってくるものだ」という考えを持たなくては、窮屈で苦しい浸食がなされたときに気づくことができません。自分の内側だけを見つめて、自己を壁で囲んでいると思い込んでいる人は、他人の目的の侵入に気づかなかったり、「犬の魂」のような妙な暴力性や衝動に自分を乗っ取られたりしてしまうかもしれません。

要するに、「自分は多孔的であり、他者からの影響を避けられない」という前提に立ち、影響を受けやすい自分をどうやって乗りこなすのかを考える必要があります。そこで小川さんが提案するのは、「善なるものを招き入れる」というアプローチです。このアプローチによって、（常にすでに多孔的である）自己をより感じやすい自己に、より繊細で注意深いメディアに変化することができます。

「善なるものを招き入れる」ことについて説明するにあたり、小川さんは印象深い思い出を例に出しています。


私、大学生のときに父親とラーメン屋さんによく行ったんです。父は家で仕事をしていて夜10時くらいに仕事が終わる。あと片づけして、12時くらいに二人で行きました。娘と父親ってある時期からあまり話さなくなる。話したいなというとき、どちらからともなく「ラーメン屋に行く?」ってなるんですよね。[96]

これについて何か解説すべきことなどないようにも思うかもしれませんが、こういう他愛ない日常にこそ、目を凝らすべきだと私は考えています。[97] 私たちの生活の本分は、他人の共感が得づらくシェアしづらい体験やエピソードの方にあるんじゃないでしょうか。

多孔的な自己には、「犬の魂」が入ってくることもあれば、ラーメンの香りとともに身近な他者の質感が入ってくることもある。多孔的な自己であること、感じやすい自己になることには両面あります。しかし、後者を大切にすることは可能です。いいと思われるものを自分の内側に引き入れる工夫をすることはできる。

その工夫は、実に他愛ないものです。例えば、「ラーメン一緒に行こ」と父親に声をかけるような、ちょっとした行動。そういうものを通じて達成される他者への想像が、「善なるものを招き入れる」と呼ばれています。「善なるものを招き入れる」というフレーズは大袈《おおげ》裟《さ》に聞こえますが、〈いいなと思う人や物事に、試しに働きかけてみることで、世界の側から何かが返ってくるのを楽しみにする〉というニュアンスで読むといいと思います。

実験が感受性を起動させる

よいと思われるものを引き入れる工夫として、ちょっとした行動を起こすこと。これを踏まえれば、「感性」「感じる」「感受性」といった言葉は、単に受動的にのみ理解されるべきでないことがわかります。つまり、口の中にスプーンが運ばれていくのを待つように、何か自分の心に波紋が生まれるのを願って過ごしていれば、自己は「より繊細で感じやすいメディア」になるわけではない。

むしろ、感受性や感性には、気になることについて好奇心で少し実験するというプロセスが不可欠です。ちょっと行動を試してみると、世界の側から予期せぬ何かが返ってくる。こちらが何かをすれば、あちらからも何かが返ってくる。こちらの実験的な行動によって、やりとりを始めなければ「感じる」ことが成立しないのです。内側と外側を相互浸透させるには、自己の側から世界との間にフィードバックの回路を打ち立てなければなりません。

先の事例では、家族をラーメンに誘うという他者関係を念頭に置いていましたが、人間に働きかけるべきとも限りません。ある人にとっては、哲学の本を読んでみることだったり、別の人にとっては、他愛ない魔法を収集することや、天文学を志すことだったりするかもしれません。あるいは、好きなペースでランニングをすること、スイカを育てること、猫と暮らすこと、詩を書くこと、ピアノの練習をすることかもしれない。

草花に惹かれている人は、実際の花に指先で触れたり、かいでみたり、図鑑や本を読んだり、実際に育てたり……などといった、様々な「試してみる」アクションを、こちらから起こすはずです。うまくいくかどうかは大事ではありません。そういう実験なしに、草花について何かを感じることはできず、従って自分の内側に何かが取り込まれることもない。だから、大切なのは、成否ではなく実験することそのものです。自分の感受性は、心惹かれている人や事柄に対して小さなアクションを起こすことによって初めて目を覚まします。

世界から望ましい流れを受け取ろうとするなら、そのうねりを生み出すためのちょっとした行動や配慮を避けては通れない。そのための小さな実験を通じて、自分を感じやすい自己に育てていくことができる。これが、**【衝動を感受しやすいメディアに自分を変える方法とはどんなものか】**ということへの一応の答えになります。[98]

目の前のものに誘惑される力

普段の私たちは自分（内側）と世界（外側）をはっきり分けており、従って、クリステンセンと同じように、衝動やモチベーションを自己の内側にだけ関わるものと捉えています。しかし、森田真生さんや小川公代さん、そしてチャールズ・テイラーに倣えば、他の考え方もできます。こうした自己観の転換が、衝動を憑依させる上で大切なことです。

自分を他者や環境から隔絶された存在として捉え、独立性や自立性を強調する「緩衝材に覆われた自己」から、内側と外側がいくつかのチャンネルを通じて相互浸透している視点に立つ「多孔的な自己」へと自己理解を変えること。

こうして基本的な自己観を修正した上で、「善なるものを招き入れる」ことが有効です。実験的に色々やってみることで、内側と外側を相互接続するフィードバックループが生まれ、その活動に関わる感受性が発達していきます。気になることについて、とりあえず実験的に行動することによって、「感じやすい」自己が生成するわけです。

「どうすれば衝動が自己に取り憑くのか」あるいは「どうすれば自己は感じやすいメディアになるのか」という問いを掲げていました。これに対する答えは、内側と外側が相互接続する見方に自己観を転換した上で、望ましい流れを生み出すために気になることについてあれこれ実験することです。それによって、自分の感受性の再起動が見込めます。

実験精神と感受性の結びつきを強調していることを見逃さないでください。「感性は生まれつきのものだ」という発想も、「そのうち自分の潜在能力が開花し、豊かな感受性が力を振るい始める」という見方も、ここにはありません。試しに何かに取り組むことなしには、目の前のものの楽しさに気づく感性は働かないというのが本書の見解です。

そのこととの関連で触れておきたいのが、「誘惑」という論点です。何かの魅力を感じ取ることは、ちょっとした実験によってはじめて達成されうるということは、対象に魅力があるないという問題以前に、こちらの「感じる力」や「感性」が大切だということになります。そう考えた私は、このことを「誘惑される力」という言葉で論じたことがあります。

目の前のものを情報として受け取ることに慣れていると、目の前のものに「誘惑される力」を、自分で開発するチャンスがなくなってしまう。誘惑って、実は共犯関係なので、対象に魅力があれば自動的に誘惑が生じるわけではないんです。こちらが一定の感度や感性を持っていなければ、魅力に気づくこともできません。

かつて私は、対談で同じ主旨の指摘をしました。

> 目の前にあるものに誘惑される力があれば、日々当たり前に生きている日常の光景もガラッと変わり、それによって自身も変わっていく。アルコールにしても食事にしても、あるいは人間関係にしても、目の前のものに誘われ、そのものの魅力に没頭することが求められているのかもしれません。誘惑される力って、SNS〔……〕で「私を見て」って自分の魅力をアピールするのと真逆の方向ですが、今私たちが試されているのは「誘惑される力」の方なんだと思います。[99]

この「誘惑される力」こそ、衝動を憑依させる自己の敏感さにほかなりません。

ライブで体験しなければ意味がないのか問題

さて、**【どうすれば衝動が自己に取り憑くのか】**という問いにはひとまず答えが出せました。話としては終わりなのですが、この話題の延長で扱っておきたい論点があります。それは、ライブ性の問題です。

世界と自己の相互浸透をイメージするとき、あるいは自己の外側に衝動の芽があるという話を聞くとき、今目の前にある対象をなんとなく思い描いているかもしれません。今ここにいなければ経験できないという条件のことを「ライブ性」と呼ぶことにしましょう。ライブ性とは、決定的な出来事が起きた瞬間、その現場に居合わせていることです。[100]

これは、些細《ささい》に思えてとても重要な論点です。もしライブ性が大切なら、当事者として出来事が起こった現場に居合わせることができないなら、その分だけ経験の価値が目減りしてしまう。ライブ性のない経験は本物じゃない。そういう考えを採用してしまうと、私たちが居合わせられずに間接的に経験するすべてのことから、本物に劣るものしか受け取れないことになります。自分を感じやすいメディアに変えても、まともに何かを受け取れるのは、その場に居合わせたときに限られてしまう。このことは大きな問題を引き起こします。

2022年末に公開された映画「THE FIRST SLAM DUNK」は、157・3億円の興行収入を得て、国内映画の歴代第13位となるほどの大ヒットになりました。原作の『SLAM

DUNK』は1990年から1996年に連載されていた漫画で、テレビアニメも同時期に放映されていました。往年のファンだけでなく、若年層も熱狂したからこそ再ブレイクしたのですが、新たに『SLAM DUNK』を知った若者には、同時代人として追いかけたファンに劣る経験しかできないのでしょうか。

毛色の違う例も見ておきましょう。随分前に亡くなった立川談志という落語の名手がいます。彼の落語を音声データで聞く未来の子どもは、一度でも彼の語りを目の当たりにした人に比べて、劣る何かしか感じられないのでしょうか。『源氏物語』や『方丈記』、『マクベス』や『風と共に去りぬ』を思い出してもいいでしょう。私たちが居合わせようもない過去、あるいは他地域の作品は、そのときその場に立ち会えた人と比べて乏しい価値しか与えてくれないのでしょうか。

居合わせることに本質的な意味があるのか。ライブであることがそんなに大事なのか。自己と相互接続する対象は、目の前になくても構わないと考えることはできないのか。決定的な場面に立ち合いようもないなら、その経験は価値のない偽物なのか。その種の問題に直面して思索し、後世に深い影響を及ぼした人物がいます。19世紀デンマークの哲学者、セーレン・キルケゴールです。[101]

自分を過去に同期させよ——キルケゴールの聖書読解

キルケゴールが、ライブ性の問題に頭を悩ませたきっかけは、彼が熱心なキリスト教徒だったことにあります。そもそも、イエスの教えをよく身につけているかどうかをどうやって知ることができるでしょうか。イエスと距離が近いことが大事なのでしょうか。イエスとともに過ごす機会のあった同時代人と、イエスの生誕から2000年以上隔たった時代を生きる私たちを比べるとき、どちらがイエスの教えを知っていると言えるでしょうか。[102]

もし何かを理解する上で立ち会うことが大切なら、イエスの教えを本当に理解するにはイエスが生きていた場面に立ち会うほかありません（キリスト教の教えは、歴史上実在したイエスが語ったことだけに尽きるものではないですが、ここでは話を単純化させてください）。そして、もしライブ性が本質的な意味を持つなら、アダムとイヴが語り合った瞬間にも居合わせようがないので、後世のキリスト教者たちはアダムとイヴのエピソードからまともなものを受け取れないことになってしまいます。

イエスから1800年ほど隔たった時代に、イエスの生まれ育ったナザレからも遠く隔たったデンマークで聖書を読むとき、ライブ性（同時代性）という論点はとても重要でした。[103]

この問題に対して、キルケゴールは、ライブかどうかは重要ではないという結論を出しています。なぜそう言えるのかを確かめていきましょう。

キルケゴールは、キリストが言葉を発している現場に居合わせることの意味は何か、そもそも意味などあったのかと自問します。

ところがその〔=イエスの〕素晴らしさが、直接には見て取れない性質のものだったとしたら、同時代に居合わせるということに、何の意味が残るだろうか。[104]

彼は、物理的に居合わせること自体に価値を置いていません。

キルケゴールの言いたいことは、実際に福音書（新約聖書の一部）を読めばよくわかります。病を治療してほしいとイエスに求める当時の人々の大半はイエスのことをよくわかっていないようですし、イエスが選んだ十二使徒も頻繁にイエスに怒られていて、イエスの言うことをあまり聞かずに調子のいいことを言っているようにも見えます。もちろん、立ち会った人々が何も受け取っていないわけではないはずです。それでも、現場にいたというだけで有意義な体験や学びを得たとも言えないことは確かでしょう。

しかし、居合わせればいいわけではないからといって、その逆に、資料や史料を読みさえすればいいという話ではありません。

同時代人が直接的に出来事を見聞したり確認したからといって信仰に到達したのではないのと同じように、後代の人間も、同時代の証言に直接触れたからといって信仰に到達できるとは限らない。[105]

キリストの経験を我が物にすることで然るべき真理を認識すること。これがキルケゴールの目指したものです。居合わせるのとは異なる仕方で、何か大切なものを受け渡されることを、彼は「同時性」と呼びました。大事なのはライブ性ではなく同時性であって、時空間の共有や証言へのアクセスは、本質的な論点ではないということですね。

同時性が生じているとき、時間や空間の隔たりは問題ではなくなります。アダムとイヴにせよ、バベルの塔の物語にせよ、イエスの伝道のエピソードにせよ、そこで展開されている内容に自分の経験が同期してしまうからです。

そのことは、「間接の弟子というものは存在しない」とキルケゴールが言ったことからもわかります。[106]誰かがイエスの弟子になることができるなら、同時性によって直接の弟子になるときだけであって、ほかに何かを学ぶ方法があるわけではない。書かれているエピソードと自分を同期させ、自己のあり方を質的に変化させなければ、私たちはイエスから何かを受け取ったとは言えないのだというわけです。

そうした議論を構築することで、キルケゴールは聖書を読むことの意味を変えようとしました。つまり、聖書の中にある様々な物語と自身との関係を真剣でヒリヒリしたものに変えようとしたのです。キルケゴールに従えば、信仰者なら誰しも、イエスをその身に「感じ」て、その教えを内側に取り込もうと試行錯誤し、自分のあり方を具体的に変化させるという「招き入れ」の行動をしなければなりません。もちろん、これはキルケゴールが生きていた当時のキリスト教文化に対する強烈な批判でもありました。

物語へのジャックイン

キルケゴールの「同時性」について考えるたびに、「接続」を意味する「ジャックイン（jack in）」という熟語が思い浮かびます。SF作家のウィリアム・ギブスンによる『ニューロマンサー』などの「サイバーパンクもの」でしばしば用いられるイディオムです。インターネットや何らかのシステムに接続するように、私たちの神経がストーリーに接続《ジャックイン》するというイメージです。

同時性という言葉を単に使い続けるのではなく、ジャックインという言葉を重ねるのは、サイバーパンクのジャックインがしばしば有線で描写され、身体に直接プラグを差し込むような感覚が伴うからです。「同時性」という無味乾燥な言葉と比べて、「ジャックイン」には何かとごっそり接続してしまう生っぽさ、接続の触感があります。すなわち、接続している何かに自分を委ねることのリアルさです。これは、キルケゴールが聖書読解に取り戻したかった感覚でもあると思います。

キルケゴールは、同時性の発想を聖書読解の様々な文脈に適用していきます。例えば『不安の概念』という著作での「創世記」読解。『不安の概念』では、原罪が生まれるに至った経緯を描いた、アダムとイヴの物語が集中的に読解されています。キルケゴールは、「質的」「量的」という対比を持ち出しながら、私たちをアダムとイヴのストーリーにジャックインさせようとします。

世の中には、アダムとイヴが蛇にそそのかされて知恵の実を食べたとき、それによって罪を背負い、それ以来、原罪を脈々と継承しているという系譜的な見解があります。大昔に罪を背負うことになった歴史上の事件があって、そこからの継続性によって私たちも罪を背負っているという、数によってカウントできるような数量的な世界観です。アダムという特権的な個人が体験したものを世代交代によって捉えているという、事態を引いて見たような客観的なイメージがここにはあります。

こういう「量的」な立場に反対して、キルケゴールは「質的」に原罪を捉えようとします。アダムが知恵の実を食べたそのとき以来、いつどの場所にどんな風に生まれたとしても、一人一人の問題になるような仕方で、人類の原罪が問題にされるべきではないか。「アダムは彼自身であると同時に人類である」とキルケゴールは言います[107]。つまり、アダムが人類として原罪をこの世に導入したその瞬間に、今後存在するあらゆる人間が個別に生きねばならない主観的経験としての「罪」もまた導入されたのであり、私たち一人一人が人生を生きることを通してアダムと相互接続することになるのです[108]。

もちろん、原罪の裏面で起こる無垢《むく》（罪のない状態）の喪失もまた、個々人の「質的な飛躍」によってのみ生じます[109]。無垢の喪失は、各人が自分自身の体験を通じて——つまり主観的に——反復しているということです。

原罪の導入には、ライブ性も何もありません。アダムから時間的に継承されるのではなく、アダムと（否応なく）ジャックインしてしまった私たち一人一人が、罪をその身に受けた当事者になっているからです。これが、キルケゴールの言う「同時性」です。時間的空間的隔たりを飛び越えて、アダム＝人類（外側）と自己（内側）が相互浸透し、私たちはアダム＝人類の身に起こったことを自分自身の体験として反復しながら「創世記」を読むことができるし、そういうものとして読もうと努めるべきなのだと彼は考えました。

キルケゴールの考え方が持つ意味については、もうピンときたことでしょう。原罪がどこか遠くの「お話」ではなくなる。それは単なる伝承ではなくなるし、アダムは、原罪についての知識提供をするための登場人物ではなくなる。むしろ、アダムは人間の「罪」をめぐるストーリーの典型を示してくれているモデルであって、私たちは彼の体験を反復し続けます。自分の身体にアダムやイヴを降ろすような、あるいは、自分の神経に直接彼らの体験をつなぐような、そういうリアルで生々しい反復です。

だから、アダムとイヴのストーリーは、問答無用に「自分の話」として読まなければなりません。「縁遠く思えることを自分事として捉える」という牧歌的な話ではなく、アダムの悩みや苦しみは、そのまま私たちに宿る苦悩です。私たちの人生はアダムをなぞるように罪を経験しているという点で、私たち一人一人がアダムだとさえ言えます。この隔たりのない体験の仕方こそ、ジャックイン＝同時性です。

アダムというアヴァターを通じて、自分が原罪の受容を今体験しているかのように、その物語を読み直し、反復すること。アダムの物語は、無垢を失っていく私たちの人生の物語として生き直さなければならないのであって、その決定的な場面に実際に立ち会ったかどうかはどうでもいいことです。これが、内と外が相互接続する多孔的な自己が、衝動の憑依する瞬間に経験することにほかなりません。「ジャックイン」という言葉を使って伝えようとしたのは、この生々しい体感だったのです。

〈瞬間〉へのジャックイン

キルケゴールに倣って宗教的なストーリーで説明してきましたが、この議論はフィクションや物語に触れるとき全般に適用できるはずです。「これは私の物語だ」と感じるとき、急に物語の描く経験が私の経験になる。ジャックインは、自分が実際に体験するのに等しいくらい、物語を「感じる」ことです。どこか遠く、自分とは切れている「お話」としてみるのではなく、隔たりを飛び越えて、直接的に「それ」を自分が生きている。

このことを時間論の観点から説明し直してみましょう。キルケゴールは、ただ続いていく普通の時間と〈瞬間〉を対比し、〈瞬間〉こそが「決定的な重み」を帯びていると彼は考えました。〈瞬間〉は、時間の連続性や継続性とは異なります。だから、〈瞬間〉は、一瞬のことではないし、時間的な長さの問題ではありません。

英語の語感を借りるなら、「タイム」と「タイミング」の違いだと考えればいいでしょう。〈瞬間〉はタイミング。決定的かつ重大な出来事が起こる時間を表現する言葉です。哲学に通じた人なら、「クロノス」と「カイロス」という言葉に、上の議論を対応させても構いません。〈瞬間〉は、カイロス的時間を指しています。

〈瞬間〉とは、いわば同時性の時間です。世界の経験にジャックインするとき、私たちは時間と空間を飛び越えてそれそのものになってしまう。だとすればそれは、通常の流れていく時間ではなく、永遠にも擬せられる〈瞬間〉だと言うほかありません。[110]

〈瞬間〉は、それを機に私たちのあり方を変えてしまうような転換点です。キルケゴールは、聖書にはそのような〈瞬間〉として読み解くべき物語がいくつもあると考え、『不安の概念』ではアダムとイヴのストーリー、別の本では……というように検討しています。

おそらくキルケゴールの考えは、逆転させて理解するべきです。ジャックインすべき〈瞬間〉は、物語の形をとっている。物語という形式は、人間の想像力を掻《か》き立て、自然に没入させる力があるのでしょう。言い換えると、説得や数字、議論ではなく、物語の方がジャックインする〈瞬間〉が訪れやすい。

そう断言していいと思われるのは、フィクションなどを研究する心理実験の論文に、しばしば「ナラティヴ・トランスポーテーション」という言葉が出てくるからです。[111] ナラティヴ・トランスポーテーション（物語的移入）は、物語世界の中に入り込み、没入することを表しています。つまり、ジャックインのことなのですが、これを単に「フィクショナルな移入」と言わずに、「物語的移入」と表現したことには、物語という形式でこそジャックインが成立しやすいという心理学者の直観が働いているように思われます。

本書でも色々な物語を参照してきました。冒頭では『チ。』や友人の子どものエピソードを。それから、空揚げお布施の友人や、『葬送のフリーレン』、ドストエフスキーや黒澤明、ダークホース・プロジェクトの参加者たち、大江健三郎さんや西尾維新さん、プリキュア、『転生したらスライムだった件』、そして聖書の話をしました。[112]

たくさん紹介してきたのは、こうした事例がジャックインすべき〈瞬間〉になるように、少なくともその確率が上がるようにと考えたからです。こうしたエピソードを、遠くの「お話」ではなく、自分の体験として反復してほしかったのです。

衝動についてこれまでわかったこと

これまでにわかったことを整理しておきましょう。衝動は、内から湧き起こる持続的な意欲であり、モチベーション的な言葉遣いでは把握しきれません。衝動が自分に選ばせるものは、自分自身を驚かせるほどだからです。

この意外性や不思議さは、衝動は複数性に由来するものだと考えられます。衝動の中には活用されずに溜《た》め状態になっているものもあり、ハッとするような経験を通して、溜め状態になっていた潜在的な衝動が表に現れ、どの衝動が優位に立つのかというネットワークが書き換わることがあります。それは自己のあり方を再編成する瞬間でもあります。

本章の終盤では、そういう衝動が入れ替わる〈瞬間〉、眠っている潜在的な衝動に新しく火をつける〈瞬間〉をどうやって生み出すかという話をしました。私たちの心を奪い、ジャックインさせる力があるのは、やはり物語という形式です。それ以外だと不可能ということもないでしょうが、物語ほどハードル低く人を没入させる形式は他にないでしょう。

そういう没入の契機を生み出すことで、衝動をスパークさせる〈瞬間〉が訪れる確率は高まるはずです。しかしそのためには自己を感じやすいメディアに変えておく必要があります。

具体的には、自己の内側と外側が相互浸透し合うような多孔的な状態として自分のことを理解し、その上で、身近な他者の質感を取り入れられるように、自分の何かを動かし働きかけてみることです。

受動的に待っているだけでは、ある対象と相互接続（ジャックイン）することはできません。そうではなく、自分の側から能動的に小さなアクションを起こすことで、自己の外側にある情報を取り入れようとする動きも必要なのです。自己の内側と外側が相互浸透した境涯とは、そういう受動と能動がないまぜになった状態のことです。自己を感じやすいメディアに育てるためには、静止状態ではなく、こういう小さなアクションを通したうねりの創出が欠かせません。

捉えどころがないように思える衝動は、偏愛を解釈することで捉えることができます。だから、この感じやすいメディアとなった自己が外側から調達した偏愛の芽を育てて行った先には、偏愛の解釈による衝動の認知という仕事が待っています。このときに使える方法として、セルフインタビューや居心地のよさの探求などを本書では提案しました。

そうして把握された衝動を実装する必要性についても論じました。大切なのは、「湧き起こる衝動を無視して他人の目的をやみくもに押しつけられたり、逆に衝動に何も考えずに従ったりすることは避けるべき」だということです。むしろ私たちは、衝動を目的に変換することで、衝動を生活に実装することを考えるべきです。

その際に手がかりになるのが、環境の観察と記憶の探索を行き来しながら、事柄の意味を判断し、具体的な行動の計画につなげるという知性の働きです。衝動は知性と協力し合うことで、真価を発揮するということですね。衝動は私たちの進むべき方向性を教えてくれるのに対して、知性は具体的なアクションのことを考え、判断するからです。

衝動が導く方向性こそが最優先なので、状況変化に合わせて、目的や戦略は柔軟に訂正・変更されていくことになります。衝動に基づく生き方に計画性があるとすれば、そうした試行錯誤や実験精神のことを指しています。

ざっと本書の論点を説明し直しました。しかし、全体の流れ以上に「細部」が大切だという観点からすれば、やはりこのあらすじには足りない部分が大いにあるでしょうが、それを解釈する作業は、読者のみなさんに任せておきたいと思います。

コラム　衝動の善悪を線引きすることはできるか

善悪に関わる論点を拾っておきたいと思います。善きものは積極的に招き入れる工夫をし、悪いものが入ってきたときに気づけるような眼を持とうという話をしていました。ただし、善悪が簡単に線引きできないものであることは言うまでもないでしょう。この世界で起こることの大半の災禍《さいか》は、誰かが「よかれと思って」やったことが要因として絡んでいます。つまり、誰かの善を実現するための行動が、ほかの誰かにとっては否定しようもない悪になるということは当然起こりえます。

このように、完全に善悪を分けられるという絶対的な線引きや基準を持つというのは疑わしい発想です。しかし、善悪の区別が一切つかないということもないでしょう。「大きい」と「小さい」の絶対的な線引きはできないにしても、「それらの区別は一切つけようもない」と主張する人がいれば奇妙だと感じるはずです。それと同じように、仮に善悪を截然と分ける明確な基準線が引けなかったとしても、ある程度までは善と悪が区別できると考えられそうです。

加えて、どうにか自分の人生の主人公になり、それをよいものにしたいと望む限り、何らかの仕方で善悪を区別しようとする試み自体は、決して放棄できません。自分の人生をよいものにしたい、ちゃんとした人生を送りたいと考えるとき、そうした善悪への感受性抜きに自分の人生を形作ることはできません。そのため、やはり善悪を区別しようとする意欲そのものは捨てるべきではないでしょう。ジャックインする物語は、善悪を線引きする価値観を育むものであるため、私たちの人生にとっては一大事です。

これで話は片づくかというと、そうでもありません。作家の村上春樹さんは、白魔法と黒魔法に喩えながら、善良で良質な作家が生み出す「善い物語」と、カルト的な宗教やセミナーが提示するような「悪い物語」を区別し、自らを白魔法的な物語の送り手として位置づけました。この姿勢は、どう評価できるでしょうか。善悪の線引きをしようと努めている点で、望ましい態度だと言えるでしょうか。

もちろん、彼の善意は疑うべくもありませんが、この姿勢は危うい問題を引き起こしてしまいます。すなわち、誰かを悪だと名指し、自分が善だと語るとき、必要以上に自分の善性を確信してしまうことです。誰かを非難するとき、そちらに人々や自分の注意を向けてしまうので、自分の問題点や悪さを棚上げします。何かを悪だと名指すとき、「でも自分は大丈夫だ」という考えを無意識に持ってしまうことで、私たちは自分自身に対する目を驚くほど曇らせてしまうのです。自分は善良で瑕疵《かし》のない人物であるのに対して、批判している相手は悪魔のような悪さを持った人物だと思ってしまう。善悪の判断にはこういう難しさがあります[113]。

まとめておきましょう。善悪の完全な線引きはできない。それでも区別は可能だし、自分の人生に対して真剣であろうとするなら、善悪を区別し、自分を善いものにしようと努めることを惜しむべきではない。ただし、誰かを悪だと非難したり、自分を善人だと思ったりするとき、私たちは自分の善良さを無条件に信じてしまい、自分の中の悪さについて目をつぶってしまいがちだ。誰しも完璧な人間ではないのだから、自分の中に望ましいとは言えない後ろ暗い部分があるだろう。その点に気をつけながら、試行錯誤しつつ自分なりに善を追求するのがよい。これが、本章で扱えなかった隠れた議論です。

そもそも、内と外が相互浸透する多孔的な自己観を採用すると、自分や誰かが完全に善いものである／完全に悪いものであるという立場は採用しづらくなるはずです。私たちは色々な人物や出来事から絶えず影響を受けており、その中には、善も悪もどちらでもないものも含まれているからです。善悪の線引きをしようとする意欲を持ちながらも、「自分たちはまともだ」「自分は善良だ」と暗に言い聞かせて安心するような浅はかさからは距離をとるのが大切だ、ということを繰り返し述べておきます。[114]

終　章　衝動のプラグマティズム、あるいは実験の楽しみ

マルチタスキングで「寂しさ」を埋める

私は元々衝動という概念への関心を持っていましたが、衝動について一冊の本まで書いて論じようと腹を括ったのは、『スマホ時代の哲学』の出版がきっかけです。現代のメディア環境を補助線にすれば、衝動を持つことの意義を別の角度から明晰にすることができます。なので、ここでは少しだけ回り道をして、スマートフォンをはじめとするメディアと、それによって変わってしまった私たちのあり方について説明したいと思います。[115]

いつでもどこでも誰かや何かとつながることのできるデジタル端末（例えばスマートフォン）を複数持つことが当たり前になった状態で、私たちが日夜取り組んでいるのが「マルチタスキング」です。これは、複数の行動やコミュニケーションを並行して行うことを指します。例えばこんな感じ。

〈Discord で友人と音声通話しながらＦＰＳゲームをプレイするが、自分は早々に負けて退

場する。テレビは消音でつけっぱなしにしている。通話で友人を応援しながら、手に持ったスマホでInstagramに保存した気になる店のことをチェックし直し、LINEで別の友人に店の情報を送る。そこに話しかけてくる家族に、「ちょっと待って、今ゲームしてるから」と声をかけつつ、戦闘の終わった友人に通話で「ナイスファイト、割といい線行ったよな」とねぎらい、次のバトルへ向けて操作しながら、別の友達が投稿した写真に「いいね」を押す。〉

マルチタスキングの常態化は、何事にも没頭せず注意を分散させるための練習を日夜積み重ねるようなものです。何のためにそんな研鑽《けんさん》を積んでいるかというと、マルチタスキングがもたらす注意の分散状態が、「快楽的なダルさ」となって、自分の「寂《さみ》しさ」や、そこからくる不安や退屈を一時的に忘れさせてくれるからです[116]。

刺激やおしゃべりに薄い注目しか向けない

ここでの「寂しさ」は、他人に囲まれながら他人と接することができず、他人を依存的に求めてしまう状態を指します。いつでもどこでも誰とでもつながることのできる端末を持っているため、現代は、常に寂しさを感じる条件が揃《そろ》っている時代なのです。これは「人間」

や「コミュニケーション」だけでなく、娯楽や運動などの「刺激」に置き換えても成立します。私たちは常に誰かや何かにアクセスできる力を持っており、そのことがかえって私たちを寂しくしています。

しかし、寂しさをごまかしたり、寂しさでつながったりしても、当の寂しさは解消されません。それによって、寂しさはむしろ増大すると考えた方がいいでしょう。なぜなら、寂しさに駆られてつながるとき、私たちは「誰でもいい誰か」「何でもいい何か」を求めているからです。いわば、抽象的なものを求めているため、別のものと入れ替わっても大差ないものを欲望していることになります。だから、具体的なものを享受することができず、求めているものとつながるときにも充足や喜びがありません。

「クリスマスまでに恋人がほしい」とか、「今日遊びに行ける人、誰かいないかな」という言葉を聞くことがあります。ここで求めている他人は、交換可能な存在です。もちろん一定の条件があるでしょうが、それさえクリアしていれば、基本的に誰でもいい。「誰か電話しよ」の「誰か」が、任意の人物を代入できるパラメーター（変数）でしかないのと同じです。誰でも／何でも代入できるものを求める欲望には、実際に目の前にいる人の個性や雰囲気へと注意を向ける感性が欠けています。

なんとなく退屈で寂しくて不安だという気分にあるとき、その感覚をごまかすために、「何か」の刺激や「誰か」とのおしゃべりで気分を覆い隠すことはできます。しかし、それでは根本的な対処になりません。マルチタスキングで日夜注意を分散する訓練を積んできた私たちは、刺激やおしゃべりを、本質的には何でもよい／誰でもよいものだという程度の薄い仕方でしか知覚していないからです。

「寂しさ」が導くレールと「衝動」が導くルート

ここで注意すべきなのは、誰でもいい／何でもいいと思ってコミュニケーションや刺激を求めているとき、求めている対象（＝誰かや何か）が交換可能なだけでなく、求めている自分の側も交換可能な存在になっていることです。交換可能な存在同士が接続したところで、その関係性は持続しません。仮に持続したとしても、妙に依存的で、お互いを単純な鋳型に押し込むような関係性になるのがせいぜいのところだと思います。

分散した注意で過ごし、薄い知覚を向ける習慣ができあがってしまうと、結果として関係や欲望の抽象性が高まります。欲望が互いに入れ替えても成立するほど抽象的で一元的なものになる、つまり、強さの軸でしか機能しなくなるということです。「モチベーション」や

「やる気」、雑駁《ざっぱく》な「好き」などは、こうした解像度の低い抽象性で留まる手助けをしてしまう点で危ういのです。

逆に言えば、スマホ時代において、私たちは深い欲望、すなわち衝動や偏愛のような自己の固有性に根差した力に触れることが不得意になっています。「自己の固有性」と言うと大げさに聞こえますが、自分の「屈曲」や「欠如」と呼びたくなるような、自分にはどうしようもない個人的な偏りのことだと思ってください[117]。

現代人の抱きがちな「寂しさ」は、私たちを抽象性や交換可能性へと導いています。このレールをどう外れるかということに本書は取り組んできたのです。「寂しさ」が導く生き方のレールを外れた先にあるのは、「衝動」が導く生き方です。そして、それは一定の手順を用いて言語化しなければ現出しないという意味で、幽霊のようなルートです。このルートを行けば、誰かとは交換できない個人性に根差した、従って偏った原動力を見つけることができます。

生活の中心を、〈趣味〉の楽しさに置くこと

寂しさが導くレールを外れて、衝動が導くルートへと切り替えていこうとするとき、〈趣

味〉が手がかりになるように思います。ここでの〈趣味〉は、評判や名誉、金銭や権威などとは無関係に、ただ楽しくてやってしまう活動に取り組むことです。例えば、スイカを育てたり、物語を作ったり、ベースを弾いたり、文章を書いたり、料理をしたり、漫画の解釈を育てたり……。

それ自体が楽しくて取り組む。ただ楽しくて没頭する。〈趣味〉の没頭には、注意の分散に抵抗する拠点となるような楽しさがあります。この本で取り組んできた「衝動」というテーマは、この特殊な意味での〈趣味〉の背景にある意欲に相当しています。「童心に帰る」「遊び」という言葉に、評判、面子《メンツ》、メリット、コスパ、定石や標準、人生設計などを主目的にしないニュアンスが含まれるのと同じように、〈趣味〉は、それ自体が楽しくて夢中になっている活動であり、何らかの目的には回収しきれない過剰さを持っています。

最初のコラムで紹介した『葬送のフリーレン』というファンタジー漫画を再訪しましょう。この作品の主人公であるフリーレンというエルフの魔法使いは、物語の序盤で〈趣味〉という言葉を多用しています。人の寿命よりはるかに長命であるフリーレンは、いわゆる「役に立つ魔法」だけでなく、花畑を出す魔法、甘い葡萄《ぶどう》を酸っぱい葡萄に変える魔法、温かいお茶が出てくる魔法、早口言葉を噛《か》まずに言えるようになる魔法、底なし沼から引っこ抜く魔法など、他人からするとどうでもいいような魔法も好んで収集・習得しています。収集することの目的は特になく、使命感もありません。状況が合致すれば、たまに人を喜ばせることができるくらいのこと。だから、彼女はそれを使命でも仕事でも作業でもなく〈趣味〉と呼んでいます。

　ファンタジーの話ではありますが、エルフという何千年という長大な時間を生きる種族が、寂しさに直面することは避けられないだろうことは少し想像すればわかります。フリーレンは、偏った欲望（＝偏愛）に基づく〈趣味〉を追求していくことの楽しさを生活の中心に置くことで、寂しさの降り積もる長い人生を悠々と暮らしているのだと思います。多くの作品のように、その寂しさを消去しようとする[118]のではなく、自分に固有の偏りに掉《さお》さす遊びの楽しさへと暮らしのあり方を切り替えること。

　エルフほどではないにせよ、私たち人間も十分長い人生を生きます。時計で測れる時間としての長さはさておき、もし運がよければ主観的体験としてはそれなりに長い時間を生きるでしょう。私たちがフリーレンほど長命ではないからといって、彼女の行動や発言を他人事として受け取る必要はありません。私としては、彼女の遊び心ある姿勢にジャックインする価値があると信じているからこそ、このような本を書いてきました。

プラグマティズム、あるいは実験の楽しみ

社会的成功者や各界のトッププランナーが語る、洗練された成功のストーリーを世の人は好みます。そして、成功譚《せいこうたん》の中に進むべきレールが隠れているはずだと考えて、スティーヴ・ジョブズなどの天才たちの行動やルーティンを真似ようとします。しかし、成功には偶然の出会いや運の要素がもちろんあるし、成功譚は往々にしてバイアスがかかっています。

また、成功者たちの行動や言葉は、性格や文化、業界など様々な変数の複合体なので、そっくりそのまま使えるようなものではありません。哲学者の青山拓央さんが言うように、参考にしている「相手との距離が大きすぎるときにはむしろ助言を無視」すべきであり、また、「助言の内容よりも、相手の何気ない佇《たたず》まいから学べることのほうが多い」と考えた方がいいのだと思います。[119]

しかし、他人の成功譚を聞くことよりもっと大切だと私が思うのは、成功が保証されていない状況で、なんとなく一歩を踏み出してみる非合理な衝動です。つまり、失敗するかもしれない状況で、とりあえず動いてみる意味不明な好奇心のこと。その佇まいをあえて言語化するなら、意味不明なほどの熱量、先が見えないのに一歩進む非合理な勇気とでも呼ぶべき

ものだと思います。

意味があるかわからないもの、別に意味がなくても構わないこと、自分にとっては重要だけど他の人にとっては些細《ささい》なことを尊重する姿勢。他人からすると「え？　なんでそれをそんな熱量で？」と思ってしまうような合理性のない楽しみに取り組むこと。この本を通じて、そういう非合理な歩みを肯定したかったし、そういう衝動の憑依《ひょうい》を鼓舞したいと思っています。

「人生のレールを外れる衝動」と聞くとギョッとするかもしれませんが、それは、誰かに強制されたわけでもないのに、自分を何かに夢中にさせる衝動のことです。別言すれば、一般的で抽象的な意欲や好みではなく、自分固有の欲望です。

子どもが遊びに夢中になっているとき、自分のキャリアを捨ててまで地動説の研究を進めるとき、役に立たない魔法を自分や誰かの楽しみのために集めるときに生じている楽しさは、この衝動に由来しており、私たちはその推進力に導かれて実験や試行錯誤を繰り返しています。

実験には、成功が約束されていません。それもそのはず、わからないから試しているし、成功する保証がないから確かめているわけです。完璧に白黒が定まっているときに実験はいりません。つまり、白黒のどちらにも定まらない不確実性や、白黒どちらかに定まっているとされることへの疑いこそが、実験を可能にしています。衝動に基づく生き方に楽しさがあるとすれば、衝動が導く方向へと進むために実験に取り組むプロセスそれ自体が持つ楽しさだと思います。何かを知りたくて、何かを確めたくて、実際にやってみることほど楽しいことがあるでしょうか。

そういう実験主義への親近感が、この本のあちこちに顔を出しています。私が専門家として研究してきた「プラグマティズム」という哲学の立場は、何にもまして、この実験精神を大切にしてきたし、それを尊重する文化を社会の中に根づかせようとしてきました。

プラグマティックであるとは、飽くことのない実験精神を持つことです。言い換えると、衝動はプラグマティックな実験の営みを駆動するエンジンのようなものなのです。衝動をめぐる本書の言葉があなたを感化して、人生を一つの実験として生きることへと誘うことができたなら、本書を書いてきた甲斐《かい》があるというものです。

あとがき

驚きや不思議さのない生活はごめんだと常々思っている私にとって、衝動や趣味というテーマを考える時間はとても楽しいものでしたが、この本を書き上げるのにはとても苦労しました。衝動はどうにも捉えどころがなく、確かにそこにいるはずなのに、どうすればそれを系統立てて語ることができるのかということの試行錯誤がなかなか終わらなかったからです。

そうなった原因は二つあります。まずは、『Dark Horse』や『欲望の見つけ方』など、参考になる本はあったものの、結局は衝動を論じるための語彙をほとんど自分で手作りしなければならなかったこと。書籍から借りているように見えても、大半の場合、私が独自の意味を込めて使い直しています。というのも、これらの書籍では、「本当のやりたいこと」が唯一で不変の正解としてどこかにあるはずだと想定していて、欲望の柔軟性をとらえきれていなかったり、異なるレイヤーに属する概念を十把《じっぱ》一絡《ひとから》げに扱っていたりと、議論上の甘さがうかがえたため、そうせざるを得なかったのです。

もう一つの原因は、精神分析学を参照しなかったことにあります。ジークムント・フロイトに始まる精神分析学という分野では、衝動や欲望について膨大な考察の積み重ねがあります。『スマホ時代の哲学』の執筆時は精神分析学の知見をうまく活用できたのですが、この本を書くときはうまく接続できませんでした。精神分析学のボキャブラリーで衝動のことを語ると、〈衝動の話〉ではなく〈衝動を介した精神分析学の話〉になる感覚が拭えなかったからです。

それは私の力量の問題もあるのですが、フロイトの顔を見せるくらいに留めて、この本では意識的に参照しないことにしました（そのおかげで、なかなかうまく言えないという別の苦労を抱え込んだわけですが）。もちろん精神分析は、本書で参照されていないからといって大事でないわけではありません。藤山直樹『集中講義・精神分析』上下巻（岩崎学術出版社、2008）などの平易に書かれた書籍から、ぜひ取り組んでみてください。

本書が精神分析に頼らない代わりに用いたのは、メタファーという方法です。この方法がうまくいった箇所ばかりではないと思いますが、「幽霊の比喩を用いることで生まれた疑問を解いていく」という体裁にしたおかげで、読むべき文献や書くべき話題が定まったところがあります。だから、たぶん私は何よりもまず幽霊に感謝すべきなのでしょう。民話や文学、映画、ゲームなどを通じて成長してきた幽霊文化は、目に見えない仕方で私の思考を導いてくれました。

次に、人間への謝辞。一気《いっき》呵成《かせい》に書き上げた『スマホ時代の哲学』と違い、遅々として進まない私の執筆を見守り、励ましてくれた編集者の橋本陽介さんに特別な感謝を。『信仰と想像力の哲学』という私の学位論文をもとにした書籍（飲み会1回分ほどのお値段）を読み、私の勤める大学宛に淡い紺色の万年筆で手紙を送ってくれたのが、この本を構想したきっかけです。手紙をいただいた当時の私は、（現在と違って）専門書しか書いたことがなかったにもかかわらず、橋本さんは、こいつには具体的な誰かに届く言葉を紡げる力があると信頼してくれたのだと思います。

　この本を書き上げる上で欠かせない問いを投げかけてくれた石橋英樹さんをはじめとする数理言語教室「ば」のみなさん、ありがとうございます。それから、下読みをしてくれた伊井琴美さん、児玉麻衣子さん、嶋友美さん、杉谷和哉さん、髙田理子さん。衝動に対して非合理なこだわりを見せる私に付き合い、内容を検討してくれてとても助かりました。みなさんの助言が、私の言葉をよりよいものにする上でなくてはならないものだったことは言うまでもありません。また、参考になる書籍を教えてくれた森田真生さん、事例の紹介に同意してくれた中村文彦さん、そして帯でのイラスト使用許可をくださった魚豊さんにも謝意を表します。

デザインや校閲、印刷製本、流通・販売などに関わる人たち、そして読者の方々。この本を成り立たせる上で欠かすことのできないみなさんのおかげで、この本は形になっています。ありがとうございました。あと、人間ではないけど、飼い猫のしおんもにゃんにゃん言って仕事を忘れさせてくれてありがとう。

きっと私は飽きずに文章を洗練させるプロセスを今後も続けているでしょう。ここにはおそらく私のオブセッションがあります。どこまでもこだわって、時間とエネルギーを費やすはずです。本書が気に入った方は、これに懲りずにまたお付き合いください。

2024年2月29日
谷川嘉浩

注

1　「ゲスト：『チ。地球の運動について』の作者、漫画家の魚豊さん（前編）【Front Line Session】 2021年10月12日」TBSラジオ「荻上チキ・Session」

2　『チ。』の作中では「キリスト教」や「ヨーロッパ」と明言されておらず、現実の歴史と一致していない物語であることが示唆されています。

3　ちなみに、『チ。』は群像劇なのでラファウだけが主人公ではありません。

4　LW10, 11。デューイの言葉は、ジョー・アン・ボイドストン編集の著作集から引用し、私が翻訳しています。該当箇所の示し方は、デューイ研究の慣例に倣っています。例えば、この表記は後期著作集(Later Works)の10巻の11ページ目を指しています。これ以降は、本文中に略号で示すことにします。

5　“obsessed”という受動態もあり、これは“possessed”と同じノリで使われます。

6　自分が芸能人やミュージシャンになりたいわけでなくても、そういう華々しい人たちと知り合いになることを、自分のやりたいことだと口にする人は珍しくありません。そうだったらいいと半ば本気で思っている人は少なくないでしょう。芸能界で働きたいとか、インフルエンサーの恋人になりたいとか。こういう人にも、本文の議論は当てはまります。

7　この論点については、第五章でキャリアデザインや偶然性との関係で論じています。

8　「欲望（なにかしたい）↓検索キーワードを考える↓検索する↓検索結果からページを見て理解する↓行動する」という行動モデルを、プログラマーの清水亮さんは想定しています（『検索から生成へ：生成AIによるパラダイムシフトの行方』MdN新書、2023、42頁）。欲望形成も、レビューやレコメンド、口コミやランキング、トレンドなど、多様な情報技術の成果の影響を多分に受けていることを見落としている点で、彼の議論には甘いところもありますが、このモデル（図式）自体は参考になるでしょう。

9　2002年にはインターネット以降の経済・通信環境を意識して書かれた『フリーエージェント社会の到来：「雇われない生き方」は何を変えるか』（ダイヤモンド社）を、2006年には革新的なアイディアを生み出す感性の重要性を語る『ハイ・コンセプト：「新しいこと」を考え出す人の時代』（三笠書房）を出版しています（いずれも邦訳の出版年）。いずれも今となっては「常識」になっている考え方ですよね。幾人かのオピニオンリーダーが発信していることを一つのコンセプトとしてまとめ、先触れ的に示すことに、ピンクは長けていました。コピーライティングがうまいわけではないので彼の造語が社会に根付くことはほとんどないのですが、時代の風見鶏たるだけで十分すぎるほどすごいとも言えるでしょう。

10　同じく「動機づけ」「動機」と訳される“motive”という英単語がありますが、社会学では、これと“motivation”が明確に区別されています。motivationとmotiveの区別は、アメリカの社会学者であるチャールズ・ライト・ミルズという人の業績として知られています。motivationは、ある行為の原動力、行為を突き動かす内的状態を指すのに対して、motiveは、人が自分や他者の行為について解釈したり、説明したりするときに現れるものです。ミルズは「動機の語彙」という見方を提示しています。どんな社会もmotiveをめぐる様々な「典型的な語彙」を持っており、人は、自分の社会にある既存の語彙集（レキシコン）を参照しながら、自分や他人の行為を理解したり説明したりしていると考えたのです。ただし、本書ではこれらを区別していません。内発的動機づけについて何かを具体例を出しながら説明しようとすると、どうしても区別を徹底しづらいからです。

11　ダニエル・ピンク、大前研一訳『モチベーション3・0：持続する「やる気！」をいかに引き出す

か』講談社＋α文庫、２０１５
12　どんなノリで使われる言葉なのかを知るために、ちょっと過去の事例を見てみましょう。ティム・オライリーというインターネット文化を世界的に牽引する人物は、誰が情報の送り手か受け手かという構図が曖昧になり、みんなが相互的に発信し合うような次世代のウェブ文化を「Web2.0」と表現しています（２００４）。東日本大震災と福島第一原発事故の甚大な被害を真剣に受け止めた思想家の東浩紀さんは、憲法改正からポピュラーカルチャー、国土開発計画から文学の再定義までを扱った『日本2.0』という６２８頁に及ぶ、圧倒的な分厚さの雑誌を自身の企業で出版しました（２０１２）。また、日本の「科学技術基本計画」（第５期）では、ＡＩとかＩｏＴとか色々な流行りのアルファベットを組み合わせて作られたSociety5.0という未来社会への指針が提示されています（２０１６）。Society5.0は、ドイツが２０１１年に公表したアイディアであるIndustry4.0が元ネタになっています。
13　ただし、報酬といっても金銭的リターンだけでなく、社会的評価や昇進などの社会的なリターンも含まれることに注意してください。
14　「お布施」という表現は、彼が仏教から影響を受け、大切に育てている言葉です。生活者は本格的な修行をすることが困難ですが、それでも悟りの道に至ろうとする僧侶を尊重し、その人に思いを託すことはできます。そうして与える行為や、与える物品のことを「お布施」と仏教では呼んでいます。空揚げ配りそのものは終了していますが、OFUSE Experimentそのものは継続しています。
15　「お布施と唐揚げ。新しい循環の在り方。三浦祥敬氏インタビュー。」Less is More.by info Mart Corporation https://note-infomart.jp/n/n1794b3aa2ef1 表記を一部修正しています。
16　マーク・フィッシャー、五井健太郎訳『わが人生の幽霊たち：うつ病、憑在論、失われた未来』Ｐヴァイン、２０１９、53頁、引用にあたって表記を修正しています。

17　商品の英語である「コモディティ」という単語をもとにした、「コモディティ化」というマーケティング用語があります。（かつて高付加価値だとみなされていたけれども、今となっては）ありふれた市場価値しか持たない、一般的な商品とほとんど横並びの価値しかない状態になったことを意味しています。これはキャリアを語る際にも用いられます。例えば、「大学卒」というシグナルは、明らかにコモディティ化しています。このように、もっと高く売れるかどうかを基準にした市場的なものの見方は、あちこちに埋め込まれているのです。

18　命の危険につながりかねない異端思想（天文学の地動説）を探究するという行動は、その行動を選んだラファウ自身にとっても驚きに満ちたものでした。このままそつのない生き方を続ければ、この社会で「成功者」とされる地位に行けるし、彼自身もそれを望んでいた。それにもかかわらず、どういうわけか、そういう手堅い生き方を望む気持ちを、ラファウはかなぐり捨てました。

19　実際のハイターの人物造形はかなり複雑です。実際の彼は、さほど享楽的ではありません。しかし、自分自身を享楽的で自己利益に向かいがちな人物として理解するように努めていることは確かであり、加えて、仲間に自分の「生臭さ」を見せ、そうした自分をたしなめてもらうのを好んでいるようです。

20　読みやすさのために、台詞《せりふ》には適宜読点を補っています。

21　この不連続的変化については、衝動のネットワークの再編成という論点を通して第四章で論じます。

22　これは単純化された説明です。実際のセラピストは、相手や状況に応じて色々な手法を使い分けることも多いため、ウェブサイトに「力動的心理療法」という文字を見つけても、認知行動療法的なアプローチを採ることもあるはずです。

23　人間の心を一元的に捉えられる存在とみなさず、複数の要因や領域に分けるという見方そのものは紀元前からあります。古代ギリシアの哲学者プラトンが、『国家』などの著作で「魂の三分説」と呼ばれる見解を提示しています。プラトンなどの議論にないフロイトの独創は、複合的な心の中に、意志や意識の光が届かない無意識的な領域を想定し、それらの可変的なバランスや拮抗状態を何度も理論化しようと試みたことにあります。

24　ジークムント・フロイト、竹田青嗣・中山元訳『自我論集』ちくま学芸文庫、１９９６、14-15頁

25　栗原康『サボる哲学：労働の未来から逃散せよ』ＮＨＫ出版新書、２０２１、１２７-１３２頁

26　ルーク・バージス、川添節子訳『欲望の見つけ方：お金・恋愛・キャリア』早川書房、２０２３、２５０頁、バージスは「深い欲望」が不変で固定的なものとみなしている点で、私たちとバージスは異なっています。私たちがバージスから借り受けたのは「強さ／弱さ」と区別される基準によって捉えられる性質の欲望があり、それを「深さ」と呼んだ部分だけです。

27　バージス『欲望の見つけ方』、２４９頁、「浅い／深い」の言い換えとして「薄い／濃い」も出てくるのですが、本書では前者で統一しています。

28　デイヴィッド・リースマン、加藤秀俊訳『孤独な群衆』上下巻、みすず書房、２０１３

29　嫉妬や怒り、悲しみや恥じらいなどの感情は、他者関係において刺激されるため、他者起点の欲求において感情的な高ぶりが生じると考えられます。この論点については、下記の著作が参考になるでしょう。フランシス・フクヤマ、山田文訳『IDENTITY（アイデンティティ）：尊厳の欲求と憤りの政治』朝日新聞出版、２０１９、アダム・スミス、高哲男訳『道徳感情論』講談社学術文庫、２０１３

30　長田杏奈『美容は自尊心の筋トレ』Ｐヴァイン、２０１９、21頁

31　けんすう（古川健介）さんは、『物語思考：「やりたいこと」が見つからなくて悩む人のキャリア設計術』（幻冬舎、２０２３）という本で、「欲の強さ」を「数値化」することで明確に把握するという提案をしています。「テンションが上がるのは？」という質問まであります。こういう発想は、好きの感覚や欲

求を一元的で抽象的なものとして捉えている点で危うさがあります。なお、本書は第五章でも取り上げています。

32 パスカルの話が気になる方は、拙著『スマホ時代の哲学：失われた孤独をめぐる冒険』ディスカヴァー・トゥエンティワン、2022、第六章を読んでください。

33 トッド・ローズ&オギ・オーガス、大浦千鶴子訳『Dark Horse：「好きなことだけで生きる人」が成功する時代』三笠書房、2021、26頁。原文を参照して表記を一部修正しています。本書については以下も同様なので、修正している場合でも逐一記すことはしません。

34 ローズ&オーガス『Dark Horse』131頁

35 ローズ&オーガス『Dark Horse』90頁

36 ローズとオーガスは「衝動」という言葉を使っておらず、複数の偏愛（micro-motives）に注目するに留まっているため、彼らの考えのストレートな紹介ではないことには注意してください。

37 ローズ&オーガス『Dark Horse』91頁

38 こういう遊びをしていたのは2000年頃です。今思うと、ジャンルやゲームを横断して物語を作るというのは二次創作的で、インターネットを通じて花開く同人文化（ファンカルチャー）を思わせるところがあります。当時の私も有線接続のパソコンを通じてインターネットに触れていましたが、サブカルチャーとの接触は限定的であり、従って隆盛する同人文化と私の物語創作が呼応して見えるのは偶然の一致にすぎません。1990年代以降の二次創作的なサブカルチャーの想像力については、東浩紀『動物化するポストモダン：オタクから見た日本社会』（講談社現代新書、2001）が参考になります。

39 ローズ&オーガス『Dark Horse』118-119頁

40 トリスタン・ガルシア、栗脇永翔訳『激しい生：近代の強迫観念』人文書院、2021

41　ローズ&オーガス『Dark Horse』92-93頁
42　正解がわかる視点からその人の持っている回答との対応関係をチェックするような、真理の対応説的な発想で、欲望の「正解」を求めることをここでは否定しています。
43　ローズ&オーガス『Dark Horse』102頁。表記を一部修正しています。原文の「判断ゲーム」は、「他人を判断しているタイミングを自覚し、そのとき生じている感覚を識別し、なぜそれを感じているかを問いかける」という三つのステップに分解されているものの、本文の説明では、(その方がわかりやすいと考えたので)これらを混ぜた上で三つ目に力点を置いて解説しています。
44　以降の香山さんの発言は、すべて下記に依拠しています。『香山哲のプロジェクト発酵記』(イースト・プレス、2022、19-21頁)ちなみに、本文で掲げた質問に対して香山さんはこう答えています。「不安とかむなしさとかプレッシャーを避けたい」「自分の中にいる5歳の時の自分とか、12歳の時の自分とかとも一緒に制作していたい」「社会とか文明からの嫌な作用を打ち消すためにも、日常的に自然とか無とかと接して仲良くしていたい」「この数十年の〝先進国〟の中でしか流行していない基準(たとえばビジネス的な志向)に振り回されたくない」「『こうでなきゃいけない』ということから、どんどん逃げたい」。どれもいい解答だなと思います。質問と答えが一対一対応しているわけではありませんが、インタビューはそもそも正確な一問一答形式になっていなくても成立するものなので、セルフインタビューでもそういう気楽さを大切にしてください。
45　「既に述べた通り、標準化されたシステムによって、あなたの偏愛についての理解は抑え込まれがちである。そのため、標準化されたシステムのもとで本当に自己認識ができるようになるのは、常に苦しい登山を続けるようなものだ。高等教育という厳格な階級制の中に安易に突き進むのは、自己認識を深めるのではなく、封じ込めることになりかねない。」ローズ&オーガス『Dark Horse』204-205頁。一部表記を修正しました。
46 光嶋裕介『ここちよさの建築』NHK出版、2023、7頁
47 光嶋『ここちよさの建築』80頁
48 蓮實重彥『齟齬の誘惑』講談社学術文庫、2023、3頁
49 蓮實重彥『見るレッスン：映画史特別講義』光文社新書、2022、184-185頁
50 これは、第一章でデューイが述べた「気づく人」の眼に相当しています。
51 私の本『スマホ時代の哲学』のことを念頭に置いています。
52 以下の議論はこれに基づいています。「スマホの向こう側ではなく、目の前のものに誘われる——哲学者・谷川嘉浩と考える『欲望』の見つけ方」DIG THE TEA https://digthetea.com/2023/09/generation_of_phone/
53 以降の鶴見さんに関する説明は、谷川嘉浩『鶴見俊輔の言葉と倫理：想像力、大衆文化、プラグマティズム』（人文書院、2022）第五章を部分的に活用しています。
54 こういう理念に意味がないという話ではありません。あくまでも理念を抽象物としてしか理解しないことの危うさを鶴見俊輔さんは論じており、その説明の具体例としてよく聞くフレーズを私が持ち出しただけで、この「正論」の適切さはいくらも損なわれないでしょう。
55 鶴見俊輔『ことばを求めて2　対話　生きる足場をどこに築くか』太郎次郎社エディタス、2015、156-157頁。引用文は、数学者・森毅との対談での発言。
56 廣川洋一『ソクラテス以前の哲学者』講談社学術文庫、1997、245頁
57 鶴見俊輔『ことばを求めて2』157頁。鶴見さんの言及するドストエフスキーの小説のタイトル表記は、現代の標準とは違っています。

58　ドストエフスキー、江川卓訳『地下室の手記』新潮文庫、1993年改版、192頁。なぜか「紅茶」を「コーヒー」と覚え間違っている辺りに、鶴見さんのコーヒーへの偏愛がうかがえます。
59　鶴見俊輔『回想の人びと』ちくま文庫、2006、36-37頁
60　拙著『鶴見俊輔の言葉と倫理』のコラム6「『闇の定義を変えれば』――晩年の武谷三男」を参照のこと。
61　杉谷和哉さん、朱喜哲さんとの共著『ネガティヴ・ケイパビリティで生きる』（さくら舎）では、「言葉に乗っ取られない」「ナラティヴに振り回されない」という表現で同様の論点を議論しています。
62　村上春樹『職業としての小説家』新潮文庫、2016、221頁
63　社会学者のジョージ・リッツァは、マックス・ウェーバーという社会学者の「（形式）合理化」に関する議論を引き継いで消費社会の論点と結びつけ、「マクドナルド化」として理論化しました。ウェーバーとリッツァの議論は、近代社会の核心的なシステムの特徴や傾向をうまく言い当てたものであり、リッツァはシステムを効率性、計算可能性（数値化）、予測可能性、コントロール可能性という四つの軸で整理して説明しています。ジョージ・リッツァ、正岡寛司訳『マクドナルド化する社会』早稲田大学出版部、1999
64　本文では詳しく扱いませんが、自分の衝動が一種類に定まっており、自分にそれがうまく知覚でき、そしてそれが動かず変化しないということを前提にしている点で、「ただ衝動（内なる声）に従いさえすればいい」という論法には問題があります。この点については、『スマホ時代の哲学』で、スティーヴ・ジョブズの講演を引用しながら詳しく論じています。
65　デューイ自身は「知識」と表現しているのですが、体験や経験のニュアンスが落ちてしまわないように、ここでは「記憶」と言い換えています。ただし、記憶と言っても小説や映画などで想像的に経験した

内容も含まれうることには注意してください。本書の第六章で論じるように、物語に没入したときに生じる心理のことを「物語的移入（narrative transportation）」と呼ぶことがありますが、フィクションを夢中で鑑賞することは、「そこに行ってしまうような体験」なので、その意味ではそれを覚えていることは「記憶」と呼ばれるに値します。

66 対象の観察と記憶の探索は、実際的には区別しづらいということを明言しておく必要があるかもしれません。というのも、過去の経験が観察の方向性を左右するものであることは間違いないですし、対象から何かを読み取ることと、それに関連して何かを思い出すことは、同時に起こったり、互いに影響し合ったりすることもあるからです。実践上は区別しづらいとはいえ、概念としては分けられるので、ここでは観察と探索を分けて理解しておきます。

67 ローズ&オーガス『Dark Horse』119-126頁

68 この「目的や戦略の成長」は、第五章で「実験としての計画性」として論じ直されます。

69 ローズ&オーガス『Dark Horse』223-229頁。なお、オギ・オーガスとの共著としてスーザン・ロジャーズの『あなたがあの曲を好きなわけ』（化学同人）という本が翻訳されています。

70 いずれの書籍も、Abrams Books社より刊行。

71 もちろん、この名前のリストに、ラファウやハイターを組み込むこともできます。

72 私の著作『鶴見俊輔の言葉と倫理』の第六章「鶴見俊輔は、なぜ人の「むちゃくちゃ」を面白がったのか：中野重治、気分のアブダクション、ヴァルネラビリティ」に由来する記述です。

73 「魂の向け変え（ペリアゴーゲー）」は、プラトンの『国家』に基づく用語法ですが、プラトン通りに使っているわけではありません。また、引用中に登場する「回心（conversion）」は、ペリアゴーゲーというギリシア語のラテン語訳がもとになっています。

74　そもそも「キャリア」は、語源をたどっていくと、道や経路、車輪の跡を意味する言葉に行きつきます。本書で「人生のレール」という言葉を用いたのは、この辺りにも背景があります。

75　現代社会において「回心」や「態度転換」が持つ意味については、私の本『信仰と想像力の哲学：ジョン・デューイとアメリカ哲学の系譜』（勁草書房、2021）という本の第三章で「目覚め」「覚醒」という言葉を使って論じています。

76　エイミー・E・ハーマン、岡本由香子訳『観察力を磨く：名画読解』早川書房、2016

77　けんすう（古川健介）『物語思考』の「『なりたい状態』こそが行動に影響を与える」という項目からの引用で、見やすさのために傍点は削除しています。

78　けんすうさんの『物語思考』はキャリアデザインの本ではあるものの、「自分の設定した夢や目標を変えるのに躊躇がない人」であることが大事だと語られています。この点では本書と重なるように見えるのですが、「夢や目標」を「一番うまくいきそうなもの」へと変えることを想定している点が違います。衝動にとって、「いかにも成功しそうか」はどうでもいいことです。破天荒な道、むちゃくちゃな目標を選んだっていいはずです。また、けんすうさんは「将来像の解像度を上げ、そこから逆算して効果的な選択肢をとり、自分の人生をコントロールしたい」という路線ですが、本書は「衝動の解像度を上げ、それが導く方向性を維持しながら、あとは模索しつつ適当に実験を続ければいいし、衝動には予期せぬところがあるものだ」という路線です。つまり、けんすうさんは（副題にあるように）人生を「設計」することを重視していますが、「設計して何になるの？」「人生ってそういうもの？」「衝動がもたらす楽しさを忘れない方がいい」というのが、私の立場です。

79　ビル・バーネット、デイヴ・エヴァンス、千葉敏生訳『スタンフォード式 人生デザイン講座』ハヤカワ文庫NF、2019、154-177頁。全く異なるキャリアを想定するためのとっかかりとして、現状の人生設計、それがだめになった場合の人生設計、お金や世間体を無視した場合の人生設計を考えるという提案もなされています。
80　バーネット&エヴァンス『人生デザイン講座』85-96頁
81　バーネット&エヴァンス『人生デザイン講座』106-109頁。そして問いがデカいときほど、平均的な意見やそれっぽい説明に飛びついてしまうのが人間のやりがちなことです。人がなぜ「それっぽさ」に飛びついてしまうのかということについては、高井ゆと里さんの『ハイデガー：世界内存在を生きる』(講談社選書メチエ、2022)における〈ひと〉(世人・ダスマン)の議論が参考になります。
82　ロージ・ブライドッティ、門林岳史監訳『ポストヒューマン：新しい人文学に向けて』フィルムアート社、2019、202頁。生が特定の目的の下にあるとの理解をニヒリズムは破壊するため、結果として自分が働きかけるべきものとして人生を捉えるようになります。そのことを、ブライドッティは「トラウマ的要素がもたらす親密性」として説明しています(201頁)。
83　ローズ&オーガス『Dark Horse』129頁
84　ローズ&オーガス『Dark Horse』176頁
85　ローズ&オーガス『Dark Horse』130頁
86　クレイトン・M・クリステンセン、ジェームズ・アルワース、カレン・ディロン、櫻井祐子訳『イノベーション・オブ・ライフ：ハーバード・ビジネススクールを巣立つ君たちへ』翔泳社、2012、39頁
87　クリステンセンほか『イノベーション・オブ・ライフ』36頁
88　クリステンセンほか『イノベーション・オブ・ライフ』41頁
89　クリステンセンほか『イノベーション・オブ・ライフ』38頁
90　Apple社を起業したスティーヴ・ジョブズがスタンフォード大学の卒業式講演で言った「情熱に従

え」というレトリックの危うさについて、『スマホ時代の哲学』の第五章でジョブズの人生と突き合わせながら論じています。

91　「だが幸い、動機づけ要因は職業や時間を経てもあまり変わらないため、これを絶対的な指針として、キャリアの舵取りをしていけばいい」（クリステンセンほか『イノベーション・オブ・ライフ』44頁）

92　鈴木健・森田真生「300年後に『なめらかな社会』をつくるには：『分断』の時代にこそ、『理想』を語ろう」Foresight（新潮社）、2023年6月11日 https://www.fsight.jp/articles/-/49760　法然院で2022年10月29日に行われた対談をもとに『新潮』2023年4月号に記事が掲載されています。上記は、その内容がウェブサイトに転載されたもの。

93　実のところ、この内と外の相互浸透のイメージについて、私たちはすでに繰り返し言及してきました。「衝動は、自己の底から湧き上がってくるものでありながら、自分にはコントロールできないものである」と何度も口にしましたが、自分に主導権がないことを外部性と捉えるなら、これもまた内と外が相互浸透する場所で成立する感覚だということになります。衝動は、心と世界が呼応し合う状態を条件として必要としているわけです。こうした見方は、「呼応（correspondence）」や「ともに（with）」をキーワードに、人間と他者や世界の相互関係を論じる社会人類学者のティム・インゴルドにも共有されています。特に『メイキング：人類学・考古学・芸術・建築』（左右社、2017）や『応答し、つづけよ。』（亜紀書房、2023）を参照のこと。

94　小川公代『ケアの倫理とエンパワメント』講談社、2021、21-22頁など

95　大江健三郎『万延元年のフットボール』講談社文芸文庫、1988

96　「【追悼 大江健三郎】今、なぜ大江健三郎なのか：対談野崎歓・小川公代」生きのびるブックス https://ikinobirubooks.jp/columns/1472/

97　山田昌弘編著『「今どきの若者」のリアル』（ＰＨＰ新書、２０２３）所収の第十五章「『古見さんは、コミュ症です。』に見る、イベント化した日常世界」を参照のこと。

98　ジョン・デューイは、衝動を持つ人が、心惹かれている状況に「参加している」点こそが重要だと論じています。例えば、窯の火を調節するとき、「色とりどりの変化のドラマに心奪われ、そのドラマに想像的に参加している」ように（LW10, 11）。この指摘は、あまりに対象や状況に夢中になっているので、内外が相互浸透し合っている状況を指すものだと理解できます。

99　谷川嘉浩・宇野常寛「スマホの向こう側ではなく、目の前のものに誘われる」DIG THE TEA https://digthetea.com/2023/09/generation_of_phone/

100　博報堂生活総合研究所は、その時その場所でしか味わえない体験を重視する消費形態を「トキ消費」と呼び、「居合わせる」タイプの消費の需要が高まっていると指摘しています。このような観点からしても、「ライブ性」は、消費を通して「感じ」ようとする現代人のことを考える上で重要な論点であると言えるかもしれません。

101　キルケゴールは、デンマーク語で著作を書いています。日本でよく流通している表記には「キェルケゴール」と「キルケゴール」があるのですが、いずれもデンマーク語での発音に割と近いようです。（学問や書き物の世界には、海外の人や地名のカタカナ表記は、その人自身やその時代の発音にできるだけ近づけた方がいいという原則があります。）

102　カトリック教会に批判的だった初期宗教改革の諸派は、教父思想と呼ばれる古代の神学者たちのことを重視していました。その点で、これらの立場はライブ性への傾きを持っています。また、カトリックの側も自分たちが重要な教えを「継承」していると考えていました。「継承」が問題になる点に、「教え」と「ライブ性」が結びついているとの発想が垣間見えます。これらについては、下記が参考になります。

Ａ・Ｅ・マクグラス、矢内義顕・辻内宣博・平野和歌子訳『宗教改革の知的な諸起源』教文館、２０２０
103　本文では時間と場所だけをとりあげていますが、ここに言語（翻訳）やオリジナル（原典）という論点を補助線として引き、問題をもっと重層的に考えることもできます。なお、聖書においてオリジナル版を想定することの難しさについては、バート・Ｄ・アーマン、松田和也訳『書き換えられた聖書』（ちくま学芸文庫、２０１９）を読めば、コンパクトに理解することができます。
104　藤野寛『キルケゴール：美と倫理のはざまに立つ哲学』岩波書店、２０１４、１５４頁からの孫引き
105　藤野『キルケゴール』１５６頁
106　藤野『キルケゴール』１５５頁
107　セーレン・キルケゴール、村上恭一訳『新訳 不安の概念』平凡社ライブラリー、２０１９、54頁。この章では、キルケゴールについてかなり自由に解釈しています。彼が気になった人は、注に挙げた本に実際に当たってみてください。
108　キルケゴール『不安の概念』60-61頁
109　キルケゴール『不安の概念』69頁
110　〈瞬間〉とは「時間のなかに永遠が入り込むときのことである。原罪によって永遠性や神のことを失念して時間的なもののなかを生きる人間にあって、永遠性や神が輝き始めるまさにそのときのことであり、言い換えれば人間が精神としてこの世の生を生き始めようとするときのことである」。鈴木祐丞『キェルケゴール：生の苦悩に向き合う哲学』ちくま新書、２０２４、２６１頁
111　心理学者のリチャード・ゲリッグに由来する言葉のようです。(Gerrig, Richard. J, *Experiencing Narrative Worlds: On the Psychological Activities of Reading*, Routledge, 1999)。
112　以前書いた『スマホ時代の哲学』という本でも、テレビ版「エヴァンゲリオン」や、ブルース・リー

の映画「燃えよドラゴン」、映画版の「ドライブ・マイ・カー」や「来る」、ヤマシタトモコさんの『違国日記』、心理学者シェリー・タークルが紹介するエピソードなど、様々な物語をちりばめています。

113 共著『ネガティヴ・ケイパビリティで生きる：答えを急がず立ち止まる力』において、陰謀論や政治的なコミュニケーションを論じる文脈で、「愚かさの批判」という言葉でこの論点をとりあげています。また、村上春樹さんの善悪の素朴な線引きの問題点についても論じています。

114 拙著『スマホ時代の哲学』の第一章では、オルテガ・イ・ガセットやレベッカ・ソルニットの議論を借りながら、自分の考えには無頓着で自分の外側のことには偉そうにコメントする現代人のマインドについて論じています。

115 かなり省略してはいますが、この節の文章は『スマホ時代の哲学』に依拠しています。気になったらそちらも読んでみてください。

116 『スマホ時代の哲学』では、哲学者のハンナ・アーレントやマーク・フィッシャー、トーマス・オグデンなどの理論家を参照しつつ論じていますが、ここでは必要な部分だけを抽出しています。

117 スタンリー・カヴェルのラルフ・ウォルドー・エマーソン論を念頭に置いています。この論点については、『スマホ時代の哲学』の終盤で少しだけ論じています。

118 「エヴァンゲリオン」シリーズ、伊藤計劃『ハーモニー』、ヤマシタトモコ『違国日記』など、寂しさに相当するもの（悩みや苦しみ、煩悩など）を削除しようとする人物が出てくる物語は数多くあります。

119 青山拓央『幸福はなぜ哲学の問題になるのか』太田出版、２０１６、１５２頁

ちくまプリマー新書

113 中学生からの哲学「超」入門
——自分の意志を持つということ
竹田青嗣
自分とは何か。なぜ宗教は生まれたのか。なぜ人を殺してはいけないのか。満たされない気持ちの正体は何なのか……。読めば聡明になる、悩みや疑問への哲学的考え方。

276 はじめての哲学的思考
苫野一徳
哲学は物事の本質を見極める、力強い思考法を生み出してきた。誰もが納得できる考えに到達するためのその思考法のエッセンスを、初学者にも理解できるよう伝える。

395 人生はゲームなのだろうか？
——〈答えのなさそうな問題〉に答える哲学
平尾昌宏
読書猿さん推薦！　ルールも目的もはっきりしないこの「人生」を生き抜くために、思考の「根拠」や「理由」をひとつひとつ自分で摑みとる練習を始めよう。

412 君は君の人生の主役になれ
鳥羽和久
管理社会で「普通」になる方法を耳打ちする大人の中で育ち、安心を求めるばかりのあなたは自分独特の生き方を失っている。そんな子供と大人が生き直すための本。

440 ルールはそもそもなんのためにあるのか
住吉雅美
決められたことには何の疑問も持たずに従うことが正しい？　ブルシットなルールに従う前に考えてみよう！ルールの原理を問い、武器に変える法哲学入門。

chikuma primer shinsho

ちくまプリマー新書 453
人生《じんせい》のレールを外《はず》れる衝動《しょうどう》のみつけかた
二〇二四年 四 月十日 初版第一刷発行
二〇二四年十一月五日 初版第五刷発行

著者 谷川嘉浩（たにがわ・よしひろ）
装幀 クラフト・エヴィング商會
発行者 増田健史
発行所 株式会社筑摩書房
東京都台東区蔵前二－五－三 〒一一一－八七五五
電話番号 〇三－五六八七－二六〇一（代表）
印刷・製本 株式会社精興社

ISBN978-4-480-68482-0 C0210 Printed in Japan